The Parakeets of Brooklyn

Poems by

Gerry LaFemina

I parrocchetti di Brooklyn

traduzioni

Elisa Biagini

BORDIGHERA PRESS

Library of Congress Cataloging-in-Publication Data

LaFemina, Gerry, 1968–
 The Parakeets of Brooklyn : poems / by Gerry LaFemina = I parrocchetti di Brooklyn / poesie / [traduzione] di Elisa Biagini.
  p. cm.
 Poems in English by LaFemina, with Italian translation by Biagini on facing pages.
  ISBN 1-884419-67-4 (alk. paper) -- ISBN 1-884419-68-2
  I. Title: Parrocchetti di Brooklyn. II. Biagini, Elisa. III. Title.

PS3612.A37P37 2004
811'.6--dc22

2004058454

The Bordighera Poetry Pize is made possible by a generous grant from The Sonia Raiziss-Giop Charitable Foundation.

© 2005 by Gerry LaFemina.

All rights reserved. Parts of this book may be reprinted only by written permission from the author and translator, and may not be reproduced for publication in book, magazine, or electronic media of any kind, or produced on stage, except in quotations for purposes of literary reviews by critics.

Printed in the United States.

Published by
BORDIGHERA PRESS
Department of Languages & Linguistics
Florida Atlantic University
777 Glades Road
Boca Raton, Florida 33431

BORDIGHERA POETRY PRIZE 6
ISBN 1-884419-67-4 (softcover)
ISBN 1-884419-68-2 (hardcover)

For my mother, Antoinette
For my father, Robert
For my brother, Michael
For my sister, Christine
For my son, Alexander

Here shall be a birds' paradise—
They sing to you rememb'ring my voice.
—William Carlos Williams

Acknowledgments ~ Ringraziamenti

I would like to thank the editors of the following literary journals for publishing many of these poems, sometimes in other forms:

Carnegie-Mellon Review: "Hoyle's Rules of Poker"
Chatauqua Literary Journal: "In the Distance Something Burning"
Cimarron Review: "Brooklyn, 1972"
5 A.M.: "Polytheism"
Flyway: "Poem Written on the Back of a Runaway's Note"
Hotel Amerika: "Wardrobe"
Hubbub: "Silver Lake"
Italian Americana: "South Beach, Summer, 1983"
Laurel Review: "Poem Burning the Surface of Water"
Minima Magazine: "A Short Conversation about Birds"
Natural Bridge: "Poem with a Working Girl Walking Through It"
Nightsun: "Hymn for the Insomniac and the Lonely"
Paradidomi Review: "My Medusa"
Pennsylvania English: "Poem in Fifth Gear"
Poet Lore: "Elizabeth Street" and "The Invention of the Monsters"
Quarterly West: "Poem Folded in a Made Bed, Monterey Hotel, California"
Seneca Review: "Coda: The Parakeets of Brooklyn"
Sentence: "Women & Birds"
Terminus: "God, the Body"
32 Poems: "Northern Michigan Winter"
Willow Springs: "Night Ending with the Sleep of Drunks & Penitents"
Yalobusha Review: "Poem with Fragments of a Lost Language"

"Bath" and "Freight" appear in *Zarathustra in Love* (2000, Mayapple Press).

"The Dove" and "Poem Folded in a Made Bed, Monterey Hotel, California" appear in the limited edition collection *A Garment Sewn from Night Itself* (March Street Press, 2003).

I would like to thank the Sonia Raiziss-Giop Foundation for sponsoring this award, Donna Masini for choosing this manuscript, and Alfredo de Palchi and Daniela Gioseffi for their support and help with this. Also many thanks to Anthony Tamburri for his editorial patience and Elisa Biagini for her work in making these translations. I would also like to thank Mary Ann Smayn for suggesting I send a sample of this manuscript to the Bordighera Prize and for editorial help, Peter Nappi for the wonderful cover photographs, and to the writers who often read earlier drafts of my work, most notably Dennis Hinrichsen and Sean Thomas Dougherty.

Table of Contents

Brooklyn, 1972	8
Hoyle's Rules of Poker	12
Wardrobe	16
Honeysuckle	18
The Dove	20
South Beach, Summer, 1983	26
Poem Folded into a Made Bed, Monterey Hotel, California	28
Poem Written on the Back of a Runaway's Note	34
It's a Small World after All	36
The Hymn of Insomniacs & the Lonely	38
Virginia Beach, Off Season	40
Poem Burning the Surface of Water	44
Silver Lake	46
Elizabeth Street	50
Poem with a Working Girl Walking Through It	52
My Medusa	58
The Invention of the Monsters	60
Dervish	62
Poem with Fragments of a Lost Language	68
Women and Birds	70
In the Distance Something Burning	72
American Renku	78
The Truly Gifted	80
Portrait of my Father Playing Cards, Brooklyn, 1975	86
God, the Body	90
Eros	98
Northern Michigan Winter	100
Night Ending with the Sleep of Drunks and Penitents	102
Bath	106
A Short Conversation about Birds	108
Poem in Fifth Gear	110
Polytheism	112
Freight	114
Coda: The Parakeets of Brooklyn	116

Indice

Brooklyn, 1972	9
Le regole di poker di Holey	13
Guardaroba	17
Caprifoglio	19
La colomba	21
South beach, estate 1983	27
Poesia ripiegata dentro a un letto rifatto, Monterey Hotel, California	29
Poesia scritta sul retro del messaggio di un fuggitivo	35
È un piccolo mondo, dopotutto	37
L'inno degli insonni e solitari	39
Virginia Beach, fuori stagione	41
Poesia che brucia sopra la superficie dell'acqua	45
Silver Lake	47
Elizabeth Street	51
Poesia con una lavoratrice che ci cammina attraverso	53
La mia Medusa	59
L'invenzione dei mostri	61
Derviscio	63
Poesia con frammenti di un linguaggio perduto	69
Donne e uccelli	71
A distanza qualcosa sta bruciando	73
Renku americano	79
Il realmente dotato	81
Ritratto di mio padre che gioca a carte, Brooklyn, 1975	87
Dio, il corpo	91
Eros	99
Inverno nel Michigan del Nord	101
Fine di una nottata con il sonno di ubriachi e penitenti	103
Bagno	107
Una breve conversazione sugli uccelli	109
Poesia in quinta marcia	111
Politeismo	113
Merci	115
Coda: i parrocchetti di Brooklyn	117

Brooklyn, 1972

Outside: my brother with the older kids playing stickball
while our Jewish landlords kept Sabbath downstairs.

What I don't remember could fill volumes
—that's how our minds work. Some one said,
The world is falling apart. It was my mother;

she meant the marriage, but I misunderstood.
                                                          Everyday
the television news broadcast helicopters
like giant dragonflies, & trees—wild, clown-haired palms—

on fire . . . . I didn't understand any of it:

not the names scrolling at the finish of the six o'clock news,
not the names priests asked us to pray for
in church, not my father returning,

an argument packed somewhere in his valise,
not why he or my mother would turn the TV suddenly

to *Star Trek* reruns: Kirk & company battling Klingons.

I thought I was watching war movies
like the ones I reenacted with green plastic men
in the grass between East 2nd Street & the sidewalk
as my brother tried to hit a spaldeen ball beyond two sewer caps.

At the library where I was dropped off regularly
I told the librarian someone forgot to pull the flag all the way up
& I was hushed
                       or else I forget how she explained it, forget

Brooklyn, 1972

Fuori: mio fratello coi ragazzi più grandi che gioca a *stickball*
mentre i nostri padroni di casa ebrei rispettano il Sabato di
                                                                 sotto.

Quello che non ricordo potrebbe riempire volumi
—è così che funzionano le nostre menti. Qualcuno ha detto,
Il mondo sta andando a rotoli. Era mia madre;

lei intendeva il matrimonio, ma io fraintesi.
                                  Ogni giorno
il telegiornale mostrava elicotteri
come gigantesche libellule, e alberi—selvagge palme dalle
chiome come clown—

a fuoco..Non capivo nulla di tutto ciò:

non i nomi che si srotolavano alla fine del notiziario delle sei,
non i nomi per cui i preti ci chiedevano di pregare
in chiesa, non mio padre che ritornava,

una discussione stipata da qualche parte nella sua valigia,
nè perchè lui o mia madre cambiassero canale all'improvviso

mettendo le repliche di *Star Trek*: Kirk e compagnia che combattono
                                                                  i Klingons.

Pensavo di stare guardando film di guerra
come quelli che mettevo in scena con omini verdi di plastica
nell'erba tra East 2nd Street e il marciapiede
mentre mio fratello cercava di mandare una palla *spalding* oltre
                                                              due tombini.

Alla biblioteca dove ero regolarmente lasciato
dissi alla bibliotecaria che qualcuno si era dimenticato di tirare
la bandiera su fino in cima
e fui zittito
                oppure ho dimenticato come lei lo spiegò, dimenticato

if any of it was explicable.
But I remember watching the close-up of one brown girl weeping
right before my brother changed stations, remember
waking to my parents' voices—hushed & frustrated.

How panicked I was

by the headlights of passing cars that yellowed my walls
briefly, because I believed,
for that moment, the yard was burning.

se qualcosa di tutto quello fosse spiegabile.
Ma mi ricordo guardare il primo piano di una ragazza di colore
                                        che piangeva
appena prima che mio fratello cambiasse canale, ricordo
lo svegliarmi alle voci dei miei genitori—soffocate e frustrate.

Come ero spaventato

dai fanali anteriori delle macchine di passaggio che tingevano
di giallo i miei muri
brevemente, perchè credevo,
in quel momento, che il cortile fosse a fuoco.

Hoyle's Rules of Poker

I sat by the door with its drawn shade & watched
a snowy television—the fuzzy figures of horses & fanciful riders

shrunk down & broadcast from Belmont
where my father, one of six men at an octagonal table,

would take me sometimes & read the names of equine to me
from a race sheet. Not right then. Right then I swung

my feet beneath a folding chair & witnessed
the hydra of tobacco smoke growing below a fluorescent light.

Outside was Avenue T; for *thriving*; for *traffic*;
for *teenaged girls* I could see laughing & chewing gum,

sun on their long exposed limbs almost tangible. I was twelve,
beginning to understand that the nape hidden by a woman's hair

holds wonders. In the bathroom
old centerfolds watched when I went, & often I lingered there

studying the nests of pubic hair, the geometry of breasts
—always afraid my absence might be noted

even as my fingers touched the slick magazine print.
How surprising that it felt so much like the playing cards

those men held; the small skyscrapers they built of clay chips
like individual cityscapes

where I dreamed, sometimes, I lived. Back at my spot
by the door I thought of Suzette Collins & how

Le regole di poker di Hoyle

Sedevo vicino alla porta con le tende tirate e guardavo
una televisione come piena di neve — le figure confuse di cavalli
                             e cavalieri immaginari

rimpiccioliti e trasmessi da Belmont
dove mio padre, uno di sei uomini ad un tavolo ottagonale,

mi portava qualche volta e mi leggeva i nomi degli equini
da un foglio delle corse. Non proprio allora. Proprio allora dondolavo

i piedi sotto una sedia pieghevole ed ero testimone
dell'idra di fumo di tabacco che cresceva sotto una luce fosforescente.

Fuori c'era l'Avenue T; per *prosperare*; per il *traffico*;
per *ragazzine adolescenti* che potevo vedere ridere e masticare gomma,

il sole sulle loro lunghe membra scoperte era quasi tangibile.
                             Avevo dodici anni,
e cominciavo a capire che la nuca nascosta dai capelli di una donna

contiene meraviglie. Nel bagno
vecchi paginoni centrali mi guardavano quando entravo, e spesso
                             mi trattenevo lì

a studiare i nidi di peli pubici, la geometria dei seni
— sempre preoccupato che la mia assenza potesse essere notata

anche mentre le mie dita toccavano la liscia immagine delle rivista.
Sorprendente che avesse così tanto la consistenza delle carte da gioco

che quegli uomini tenevano in mano; i piccoli grattacieli che
                             avevano costruito coi gettoni
come singole vedute di città

dove sognavo, qualche volta, di vivere. Tornato al mio posto
vicino alla porta pensavo a Suzette Collins e a come

I saw her navel once when her blouse rose up as she stretched
after math class. I almost cried

at such beauty. I was twelve.
My Saturdays were warm Coca Cola & this rattling fan

blowing the breath of warm cigarettes,
& knowing nobody else who did this, I cried a lot, but not

for beauty. I knew by one o'clock
dad would cash in his chips. Depending on his luck

we'd eat out or not. Go to a movie or not.
Then he'd return me to my mother, but at the moment I'm
                                                   thinking about

it's May, not yet noon, & this TV doesn't get cartoons.
A jockey talks about a race he just won or

one he's about to race, & I'm trying to shuffle
a worn Hoyle deck in the blur my father does it. Then I flip
                                                   them over:

queen of diamonds, deuce of clubs, four of spades, etc.—
trying to decipher a pattern I never learned.

una volta le avevo visto l'ombelico quando la sua camicia si era
                                       sollevata mentre si stirava
dopo la lezione di matematica. Quasi piansi

a tanta bellezza. Avevo dodici anni.
I mie sabati erano Coca Cole calde e questo ventilatore crepitante

che soffiava il respiro di sigarette calde,
e non conoscendo nessun altro che lo avesse fatto, piansi molto,
                                                          ma non

per la bellezza. Sapevo che all'una in punto
papà avrebbe incassato i gettoni. A seconda della sua fortuna

avremmo mangiato fuori oppure no. Saremmo andati al cinema
                                                          o no.
Poi mi avrebbe riportato da mia madre, ma il momento a cui sto
                                                       pensando

è in maggio, non ancora mezzogiorno, e questa Tv non prende i
                                                       cartoni animati.
Un fantino parla di una corsa che ha appena vinto o

una che sta per correre, e sto tentando di mescolare
una mazzo usato da Hoyle velocemente come fa mio padre. Poi
                                                       le sollevo:

regina di quadri, due di fiori, quattro di picche, ecc. —
cercando di decifrare uno schema che non ho mai imparato.

Wardrobe

At an early age I became an expert in cramped places: the attic crawlspace, the thin hollow between shrubs & house, the diminishing area beneath the basement stairs where I read comics & hid from the wind's vocabulary of school yard taunts.

How limitless those confined areas!

Fort, clubhouse of one, workshop, den. Soon I sought out smaller spaces, contorted myself into car trunks, packing crates; I even curled myself into a stray cigar box, dreamed it the navel of girls whose names carpeted my speechless tongue—I'd hide anywhere but in an ear, that place where chatter enters. I envied the thread led between holes in a button & the hermit crab, which once inhabited the spiral shell my mother placed in the bathroom.

Once I even slid myself into a sleeve of that one dark suit my father left behind, hollow with his absence; though it didn't fit him anymore, it didn't fit me either.

Guardaroba

Fin da piccolo divenni esperto in luoghi stretti: lo spazio dove abbassarsi nell'attico, la sottile cavità tra i cespugli e la casa, la zona decrescente sotto le scale del seminterrato dove leggevo i fumetti e mi nascondevo dal ventoso lessico delle prese in giro provenienti dal cortile della scuola.

Come erano senza limiti quelle zone così circoscritte!

Fortino, sede di un circolo per uno, laboratorio, covo. Presto ricercai luoghi più piccoli, mi contorsi dentro bagagliai, casse da imballaggio; arrivai perfino ad arrotolarmi in una dispersa scatola da sigari, sognando che fosse l'ombelico di ragazze i cui nomi tappezzavano la mia lingua ammutolita – mi nascondevo ovunque tranne che in un orecchio, quel luogo dove entra la chiacchera. Invidiavo il filo guidato tra i buchi in un bottone e il paguro, che un tempo abitava la conchiglia a spirale che mia madre aveva messo in bagno.

Una volta mi sono pure infilato in un manica di quel vestito scuro che mio padre aveva lasciato dietro di sè, cavo della sua assenza; anche se non stava più a lui, non stava neanche a me.

Honeysuckle

In sixth grade's asphalt yard,
his peers at St. Roch's School flipped
baseball cards & played *Run Catch Kiss* while he donated
fifteen minute recesses to a plaid-jumpered classmate
near the hurricane fence, houndstooth-patterned
with green ivy & yellow honeysuckle. They kissed, chastely,
not knowing the possibility of tongues.

When they separated
they'd pluck buds from the stems,
pull the pistils & stamens out for each drop of juice
that dangles like a waxy bead from those little wicks
& lick it into their mouths.

Back in class they smelled of youthful perfume,
all sweat & honeysuckle—
their hearts buzzing like bumblebees
flying their aerodynamic impossibility.

Caprifoglio

Nel cortile d'asfalto della prima media
i suoi compagni a St. Roch's School lanciavano per aria
le figurine del baseball e giocavano a *Run Catch Kiss* mentre lui
                                                      elargiva
i quindici minuti delle ricreazioni a una compagna di classe con
                                                  una giacchetta a quadri
vicino al recinto per l'urgano, con una decorazione a pied-de-poul
con edera verde e caprifoglio giallo. Si baciavano, castamente,
non conoscendo la possibilità delle lingue.

Quando si separavano
coglievano boccioli dai gambi,
tiravano fuori i pistilli e gli stami per ogni goccia di succo
che penzola come una perlina di cera da quei piccoli stoppini
e lo leccavano dentro le loro bocche.

Di nuovo in classe odoravano di profumo della giovinezza,
tutto sudore e caprifoglio—
i loro cuori che ronzavavo come calabroni
volando la loro impossibilità aerodinamica.

The Dove

The plainest girl in eighth grade, Judy Wagner watched
from across the street as we played baseball in the cemetery courtyard,
watched from that place her father worked, selling gravestones &
shaving names into buffed marble & granite. Such proximity to death

intrigued us; although, as we walked toward infield positions
after another failed scoring chance, other names
lingered off shore from our lips—

names almost strung from our tongues to dreams
that woke us, aching.
      We'd pitch
innings among ourselves—six on six games
with only two outfielders: the long wrought iron fence

behind them & behind that, over a thousand
strangers who'd been reduced to names & dates.

Thus my childhood is already a type of death . . . .

The sun those July afternoons resplendent as the god
we learned from nuns the nine months of St. Roch's School
each year, even as in our minds we committed adultery

which was nothing, which we had to tell

Father Gannon in his dour cubicle, admitting
we had impure thoughts, that we fought with
our friends over which was better the Yanks or Mets & tore
           faded ball caps
from one another's heads for sets of keep-away,

La colomba

La ragazza più ordinaria in terza media, Judy Wagner guardava
dall'altro lato della strada mentre giocavamo a baseball nel cortile
                                                                                                         del cimitero,
ci guardava da quel posto dove lavorava suo padre, che vendeva
                                                                                                            lastre tombali e
scolpiva nomi nel marmo levigato e nel granito. Tale vicinanza
                                                                                                                    alla morte

ci intrigava; anche se, mentre camminavamo verso le basi
dopo un'altra occasione fallita di segnare punti, altri nomi
indugiavano vicino alle nostre labbra —

nomi quasi legati dalle nostre lingue a sogni
che ci svegliavano, doloranti.
                                                Facevamo
lanci tra di noi — sei o sette partite
con solo due esterni: il lungo recinto di ferro lavorato

dietro di loro e dietro a quello, più di mille
sconosciuti ridotti a nomi e date.

Così la mia infanzia è già un tipo di morte . . . .

Il sole quei pomeriggi di luglio risplendente come il dio
di cui avevamo imparato dalle suore nei nove mesi ogni anno
a St. Roch's School, proprio mentre nelle nostre teste
                                                                                   commettevamo adulterio

che non era nulla, di cui dovevamo raccontare

a Padre Gannon nel suo austero cubicolo, ammettendo
che avevamo pensieri impuri, che litigavamo con
i nostri amici su chi fosse meglio gli Yanks o i Mets e strappavamo
                                                                                 stinti berretti da baseball
dalle teste l'uno dell'altro per giocare a riprenderli,

& that we teased poor Judy
over her father's macabre job. It was just work;
it paid tuition & for the plaid jumpers the girls wore.

We said our Hail Marys:
                         the same dull penance for our same dull sins.

So imagine his surprise
(which I couldn't see because of the thin screen
between us) when I sought absolution for murder.

I wasn't confused—see,

                         I'd killed a dove in a freak collision
of trajectory & velocity—I could've done the math
to show you in Sister Marcella's class:

one hard line drive striving to land among the graves of immigrants
meets a white bird swooping from who-knows-where.

An astonishment of feathers.

Bird & ball falling;
Jimmy Royal caught the blood-stained sphere to call me out.
We stood, some with gloves dangling limp, staring
as the small thing throbbed a few more times

then stopped. What could we do?—

We played on, avoiding that place in the outfield
& I circumnavigated a Rosary as punishment for my remorse,
each bead in my fingers hard and small as a beak.

e prendevamo in giro la povera Judy
per il macabro lavoro del padre. Era solo lavoro;
pagava la retta e le giacchette a quadri che le ragazze portavano.

Dicevamo le nostre Ave Maria:
        la stessa noiosa penitenza per i nostri soliti noiosi
                                      peccati.

Quindi immagina la sua sorpresa
(che io non potei vedere a causa del sottile divisorio
tra di noi) quando chiesi l'assoluzione per omicidio.

Non ero confuso — vedi,

        avevo ucciso una colomba in un'assurda
                collisione
di traiettoria e velocità — avrei potuto fare il calcolo
per mostrartelo nella classe di Suor Marcella:

un forte lancio orizzontale che mirava ad atterrare tra le tombe
                degli immigrati
incontra un uccello bianco piombato lì da chissà dove.

Uno splendore di piume.

Uccello e palla che cadono;
Jimmy Royal acchiappò la sfera macchiata di sangue per farmi uscire.
Rimanemmo lì, alcuni con i guantoni vuoti penzolanti, a guardare
mentre quella piccola cosa palpitava ancora qualche volta

e poi smetteva. Cosa potevamo fare? —

Continuammo a giocare, evitando quel posto nella parte del
                campo all'esterno del diamante
e io circumnavigai un rosario come punizione per il mio rimorso,
ogni perlina tra le mie dita dura e piccola come un becco.

Next game it was gone

but Judy was still there: Judy who took my hand
one autumn morning on the bus
even though we hardly ever spoke & held it in hers

so they seemed like two wings, folded, at rest.
She didn't say a word as the bus swayed & bounced
toward school where already
we were studying the countless species of grief.

La partita successiva era sparita

ma Judy era ancora là: Judy prese la mia mano
un mattino d'autunno sull'autobus
anche se ci eravamo a malapena rivolti la parola e la tenne tra le sue

così sembravano come due ali, ripiegate, a riposo.
Non disse una parola mentre l'autobus ondeggiava e rimbalzava
verso la scuola dove già
stavamo studiando le innumerevoli specie di dolore.

South Beach, Summer, 1983

Jimmy Matteo fired three silver BBs
into a sea gull's belly. This was neither his greatest sin
nor his least. He did it

to threaten us with accuracy.
Only moments before the gull had walked South Beach sands
repeating its one word vocabulary:

hunger   hunger. Matteo lifted
its pulsing corpse and thrust that feathery mess
toward my mouth. Around us all

its bird spirit dispersed in white fluff
& red fluff. In the confessional what did he say?
I saw him on his knees afterward,

eyes bowed before the tabernacle,
his lips whispering through Hail Mary after Hail
Mary moving in tandem like wings.

South beach, estate 1983

Jimmy Matteo sparò tre argentei piombini
nella pancia di un gabbiano. Questo non fu nè il suo più grande
                                                                               peccato
nè l'ultimo. Lo fece

per spaventarci in modo preciso.
Solo attimi dopo che il gabbiano aveva camminato sulla sabbia
                                                                      di South Beach
ripetendo il suo vocabolario composto di una sola parola:

fame   fame. Matteo sollevò
il suo corpo pulsante e spinse quell'ammasso di piume
verso la mia bocca. Intorno a tutti noi

il suo spirito d'uccello si disperdeva in ciuffi bianchi
e ciuffi rossi. Che cosa disse lui nel confessionale?
Successivamente lo vidi in ginocchio,

gli occhi abbassati davanti al tabernacolo,
le sue labbra che sussurravano un Ave Maria dietro
l'altro muovendosi in tandem come ali.

Poem Folded into a Made Bed, Monterey Hotel, California

By the wharf we watched a dancing monkey kiss a girl
who gave it a dollar, and her friends
laughed about the incident for weeks. She never mentioned

how she could feel the individual wisps of its hairs . . . . her
                                                                         embarrassment
glowed like the yellow stop lights on the main drag
past midnight, her boyfriend speeding, trying to beat curfew—
already too late.

                I think of them later as I stroll the shoreline,
stepping over the cracked shells of distant sea lion cackles
and the vines of kelp littering the beach, their bulbs full of air
which otters tie around their waists for buoyancy

and must shed, inevitably.
The skimmer of those belts falling must resemble
the way a woman's skirt glissades the length of her legs
once pulled below the hips—

the pale skin exposed, almost glowing. If there's a definition of beauty
it's this instant—the first time.
The momentary hush of breath like the tidal slide outward.
Like a soul
                departing.

∽

When they found the body it was seated
by the window, staring outward—eyes still
open. The plastic tumbler of gin

Poesia ripiegata dentro a un letto rifatto, Monterey Hotel, California

Dal molo guardammo una scimmia danzante baciare una ragazza
che le avevo dato un dollaro, e i suoi amici
risero dell'incidente per settimane. Lei non parlò mai

di come poteva sentire i singoli ciuffi dei suoi peli...il suo imbarazzo
brillava come le luci gialle dei semafori sulla strada principale
dopo mezzanotte, il suo ragazzo che accelerava, cercando di
                      arrivare prima del coprifuoco —
già troppo tardi.

              Ho pensato a loro più tardi mentre passeggiavo
                      lungo la riva,
passando sopra le conchiglie rotte di distanti schiamazzi di
                      leoni marini
e i rampicanti di alghe sparpagliati sulla spiaggia, i loro bulbi
                      pieni d'aria
che le lontre si mettono intorno alla vita per galleggiare

e devono togliersi, inevitabilmente.
La schiuma di quelle cinture che cadono deve assomigliare
al modo in cui la gonna di una donna scivola per la lunghezza
                      delle sue gambe
una volta spinta sotto ai fianchi —

la pallida pelle esposta, quasi lucente. Se c'è una definizione di bellezza
è questo istante — la prima volta.
Il momentaneo silenzio del respiro come l'abbassarsi della marea.
Come un'anima
        che se ne va.

~

Quando trovarono il corpo era seduto
alla finestra, a guardare fuori — gli occhi ancora
aperti. Il bicchiere di plastica col gin

beside his tabled hand. The bottle half full . . . .

The cleaning girl — Angelina — had found him;
she knocked his door, said, *Housekeeping* and said it again
when she saw his back. We heard her
as she cried *Muerte! Muerte!* to the manager
who tried to calm her by saying this happened often

although, honestly, it had never happened in a hotel
where he worked. He gave her the rest of the day off

and waited upstairs for the police and paramedics
who could do nothing

for there was nothing to do . . . .

~

There are some who believe death is a monkey dancing
to hurdy gurdy music which is nothing
more than what it is — slightly out-of-tune and melancholy

with its imperfection. For others
death is a motel door slamming —
a whole corridor of motel doors . . . . I've heard it's a white light
like the liquid in that fifth of Beefeater gleaming in the sun
            through the pane

and holding it there:
a small coin in a child's hand — that important. That beautiful.
Outside,

~

vicino al tavolo. La bottiglia mezza piena....

La ragazza delle pulizie — Angelina — l'aveva trovato;
aveva bussato alla sua porta, aveva detto, *Pulizie* e l'aveva detto
                                                                di nuovo
quando aveva visto la sua schiena. La sentimmo
mentre urlava *Muerte! Muerte!* al manager
che cercava di calmarla dicendo che questo succedeva spesso

anche se, onestamente, non era mai successo in un hotel
dove aveva lavorato lui. Le diede libero il resto della giornata

e aspettò di sopra la polizia e i paramedici
che non poterono fare nulla

perchè non c'era niente da fare...

~

Ci sono alcuni che credono che la morte sia una scimmia che danza
a una musica d'organetto che non è niente altro
che quello che è — leggermente stonata e melanconica

nella sua imperfezione. Per altri
la morte è una porta di motel sbattuta —
un intero corridoio di porte di motel...Ho sentito dire che è una
                                                                  luce bianca
come il liquido in quel mezzo litro di Beefeater rilucente nel
sole attraverso il vetro della finestra

e che si trattiene lì:
una piccola moneta nella mano di un bambino — così importante.
                                                                      Così bella. Fuori,

~

a pelican soared toward Monterey Bay

amazing the manager for the first time
with the simple preternatural physics of its long bent wings
splayed and seemingly an inch or two above the tide —
all this time the body beside him

while some of us complained downstairs
about lost change in a candy machine or swam in the pool
or made love, maybe

even in the neighboring room and were astonished by the
                                                  other's nakedness
And made pure. He imagined that man, alive
watching the same bird:

no television was left burning.
No books or newspapers — only the brilliant window, the pelican
                                                            diving,
its long beak beckoning for fish
before rising, sleek, its gritty feathers bleached clean
by daylight.

It was then he noticed the second cup, still in its plastic,
so he unwrapped it
                        and poured himself a translucent shot
which he lifted into the hushed, hotel air
and all that beautiful light
to toast those aerodynamics — the ferrying of souls.

un pellicano si alzava in volo verso Monterey bay

sbalordendo il manager per la prima volta
con la semplice straordinaria fisica delle sue lunghe ali piegate
sbilenche e apparentemente un pollice o due sopra la marea —
tutto questo tempo il corpo accanto a lui

mentre alcuni di noi si lamentavano di sotto
di monete perdute in una macchinetta distributrice o nuotavano
                                                          nella piscina
o facevano l'amore, forse

anche nella stanza vicina ed erano stupiti della nudità dell'altro.
E resi puri. Lui immaginava quell'uomo, vivo
che guardava lo stesso uccello:

nessun televisore era stato lasciato a bruciare.
Nessun libro o giornale — solo la finestra splendente, il pellicano
                                                          che si tuffava,
il suo lungo becco invitante per i pesci
prima di sollevarsi, lucente, le sue piume sabbiose sbiancate
dalla luce del giorno.

Fu allora che lui notò il secondo bicchiere, ancora nella plastica,
quindi lo tolse dall'involto
                                 e si versò un sorso semitrasparente
che sollevò nella silenziosa aria dell'hotel
e tutta quella bella luce
per brindare a quella aerodinamica — il traghettare delle anime.

Poem Written on the Back of a Runaway's Note

At the empty house, a screen door banging shut
then bounding open: wind riding up the porch
& rattling the siding. Think of the child

who said he would leave

& who then — eventually — vanished. As dusk marches
the long path toward full dark, his father & two older sisters

call for him, keep returning home
to update his mom. *Whap Whap* the door
slaps shut. Opens once more. Slaps shut. Hidden between the shrubs
& the house, the boy watches, sobbing —

this need for a secret place a tentative step
toward adolescence. Later, the father
tows his son from the roots & branches,
the larger hand fisted

around the thin wrist. The boy's anguish becomes the wind . . . .

Years from now he'll recall only the scent of those conifers,
their small garnet berries he pressed between thumb & pointer
while hiding — the dried juice staining his hands

like blood his mother said. *Whap Whap* went his father's hand
against the boy's cheek. His face smouldered
the same way it did after ice skating too long over frozen ponds —
his whole body frigid, his skin fiery with such friction.

Poesia scritta sul retro del messaggio di un fuggitivo

Nella casa vuota, una porta a zanzariera continua a chiudersi
                                                              sbattendo
poi a spalancarsi: il vento scorrazza per la veranda
e fa risuonare il rivestimento esterno delle pareti. Pensa al bambino

che disse che voleva andarsene

e che poi — finalmente — scomparve. Mentre il crepuscolo marcia
il lungo cammino fino al buio completo, sua padre e due sorelle
                                                              più grandi

lo chiamano, continuano a tornare a casa
per aggiornare la madre di lui. *Whap Whap* la porta
si chiude con violenza. Si apre un'altra volta. Si chiude violentemente.
                                        Nascosto tra gli arbusti
e la casa, il bambino guarda, singhiozzando —

questa necessità di un luogo segreto un passo esitante
verso l'adolescenza. Più tardi, il padre
lo trascina fuori da radici e rami,
la mano più grande che impugna

il polso sottile. L'angoscia del ragazzo diventa il vento…

Anni da adesso lui ricorderà solo l'odore di quelle conifere,
le piccole bacche color granato che stringeva tra pollice e indice
mentre stava nascosto — il succo secco che sporcava le sue mani

come sangue disse sua madre. *Whap Whap* fece la mano del padre
sulla guancia del ragazzo. La sua faccia ardente
come quando pattinava sul ghiaccio troppo a lungo sugli stagni
                                                              ghiacciati —
tutto il suo corpo gelido, la sua pelle infiammata da tale frizione.

It's a Small World after All

He likes the world in miniature. Years of drafting & architecture school for this: hours in his parents' basement or out in the garage, working with razor knives & balsa, paint, model railroad landscaping, specks of glass. A whole weekend he dedicated to lighting his replica of Times Square, New Year's Eve, 1992. See: there he is among the crowd, tiny bottle of Korbel in his left hand, & there's Dick Clark & the camera crew. & here's his scale model of Fisherman's Wharf — so accurate you can almost smell the lingering scent of mackerel & shark, hear the haggling & the occasional cawing of seagulls. His childhood neighborhood's on display in the livingroom, including the bicycle path past the grade school & the grotto where he kissed Becca that tenth grade afternoon & slid his hand under her shirt till she slapped his wrist & called him pervert. Where is she now, he wonders. He imagines her wandering in the miniature labyrinth of King Minos that he's built. How he read all those ancient texts for this series of cities: Troy with the siege gear around its many walls, Pompeii with Vesuvius smoking, & Crete with the great maze & a miniature Minotaur roaming, hungry. Some mornings he'll place a model of someone among those walls, searching for an exit; at night he'd take them out, imagine that mythic beast's mythic hunger satisfied.

È un piccolo mondo, dopotutto

Gli piace il mondo in miniatura. Anni di progettazione e scuola di architettura per questo: ore nel seminterrato dei genitori o fuori in garage, a lavorare con rasoio coltelli e balsa, pittura, modellino di un paesaggio di ferrovia, pezzettini di vetro. Un intero finesettimana lo dedicò ad illuminare la sua replica di Times Square l'ultimo dell'anno del 1992. Guarda: eccolo lì fra la folla, una minuscola bottiglia di Korbel nella sua mano sinistra, e là c'è Dick Clark e la troupe televisiva. E qui c'è il suo modello in scala del molo di Fisherman – così accurato che puoi quasi annusare il persistente odore di maccarello e squalo, sentire la contrattazione e l'occasionale gracchiare dei gabbiani. Il vicinato della sua infanzia in esposizione nel salotto, inclusa la corsia per biciclette oltre la scuola elementare e la grotta dova baciò Becca quel pomeriggio in seconda superiore e fece scivolare la mano sotto la maglietta di lei finché non non schiaffeggiò il suo polso e lo chiamò *pervertito*. Dov'è lei adesso, lui si chiede. Se la immagina vagare nel labirinto in miniatura di Re Minosse che lui ha costruito. Come lui leggeva tutti quei testi antichi per questa serie di città: Troia con la macchina dell'assedio intorno alle sue molte mura, Pompei con il Vesuvio fumante, e Creta con il grande labirinto e il Minotauro in miniatura che si aggira, affamato. Alcune mattine metteva un modellino di qualcuno tra quelle mura, in cerca di un'uscita; di notte li tirava fuori, immaginando che la mitica fame della mitica bestia fosse stata soddisfatta.

The Hymn of Insomniacs & the Lonely

Soft growls of diesel engines in lots beside gas stations &
beside, too, this motel where we have stopped,
too tired to rub love into our bodies, the beds soft
& small so we have to sleep like married couples

in black-and-white television reruns, the kind I watched
when I stayed home from school, feigning sick:
sick of the nuns in their dark habits, dark expressions
hooded beneath them. Try as I might I couldn't imagine

any of the girls in my eighth grade class
joining the Dominicans, couldn't picture any of the boys
praying in seminary, couldn't imagine my own calling
to the diamond sutra. I only wanted two things then:

to pitch a wicked curve & to kiss Eileen Wheeler hard
the way couples did in movies, to hear the click
& clatter of our glasses' lenses. No matter
how many candles I've blown out, I never got those wishes,

or most others I've made. & what I've prayed for
makes me just another man trying to change
his circumstances. Outside I hear the air brakes of another semi
settling in for the night, know that lot lizards are out there,

too, willing to touch a man anywhere for the right price,
to strip in a truck cab's dim lights
so their bodies seem beautiful momentarily. What the drivers know
are the fastest routes between one place

& the next, which is a type of metaphysics
like my wife's simple, rhythmic breathing in the next bed,
the metronome of her sleep keeping time
for hymns of insomniacs & the lonely

who are any of us, staring out our windows
as the rush of passing traffic on the nearby turnpike
rises & falls, almost tidal—that incessant:
the way the nuns described the calling of the spirit.

L'inno degli insonni e i solitari

Deboli brontolii dei motori diesel nei parcheggi vicino ai distributori di
                                                                                        benzina e
anche vicino a questo motel dove ci fermammo,
troppo stanchi per infondere l'amore nei nostri corpi, i letti morbidi
e piccoli così che dovemmo dormire come le coppie sposate

nelle repliche televisive in bianco e nero, del tipo che guardavo
quando rimanevo a casa da scuola, fingendo di essere malato:
nauseato dalle suore nei loro abiti scuri, espressioni scure
sotto ai cappucci. Anche sforzandomi non potrei immaginare

nessuna delle ragazze della mia terza media
unirsi alle Domenicane, non potrei pensare nessuno dei ragazzi
pregare in seminario, non potrei immaginare la mia stessa vocazione
al sutra. Volevo solo due cose allora:

lanciare una stupenda palla ad effetto e baciare Eileen Wheeler con decisione
nel modo in cui lo fanno le coppie nei film, per sentire il cozzare
e lo sbattere delle lenti dei nostri occhiali. Non importa
su quante candele avessi soffiato, non ottenni mai quei desideri,

o molti degli altri che avevo espresso. e quello per cui ho pregato
fa di me l'ennesimo uomo che cerca di cambiare
la sua condizione. Fuori sento i freni ad aria compressa di un'altro
                                                                                      camion a rimorchio
che si sistema per la notte, sapendo che le lucertole del parcheggio sono
                                                                                                  là fuori,

anche loro, desiderose di toccare un uomo ovunque al giusto prezzo,
di spogliarsi alle flebili luci della cabina di un camion
così che i loro corpi sembrino momentaneamente belli. Quello che i
                                                                                   guidatori conoscono
sono i percorsi più rapidi tra un luogo

e il seguente, che è un tipo di metafisica
come il semplice, ritmico respirare di mia moglie nel letto vicino,
il metronomo del suo sonno che tiene il tempo
per gli inni degli insonni e i solitari

che sono ciascuno di noi, guardando fuori dalle nostre finestre
mentre il flusso del traffico di passaggio sulla vicina autostrada
aumenta e diminuisce, quasi una marea—così incessante:
il modo in cui le suore descrivevano la vocazione dello spirito.

Virginia Beach, Off Season
—*for Zac D. Watson*

This morning light like spilled oil on the Atlantic
        vibrant & shimmery
as far as I can see. Beyond the breakers

dolphins, their grey bodies moving with purpose
        against the tide.
Nobody on the beach pays attention — not the man

in black shorts & black socks arcing a metal detector
        before each step, not
the individual joggers, headphones giving them

the Stones or J. Lo; Chicago or the White Stripes.
        How can someone be
so close to the purring tides & block them out?

The breakers like white lace. Seagulls like ironic angels
        calling *Mercy! Mercy!*
& then laughing. The couples who inevitably leave

their hotels (a whole Rosary of hotels stretched out
        along the shore line)
to hold hands as salt water curls around their ankles

make me glad. How easy it is to be in love
        at the beach even
in October several hundred miles from home. The ocean here

& the ocean at Jones Beach so alike I could close my eyes
        & miss the wrong woman
& open them & be afraid. I don't want to swim with dolphins

though from what I've read of them, their playfulness
        & kindness, makes me think
I'd like them, such smooth, graceful bodies; rather, I'd like

Virginia Beach, fuori stagione
—*per Zac D. Watson*

Questa mattina la luce come petrolio versato nell'Atlantico
    vivo e scintillante
fin dove riesco a vedere. Oltre i frangiflutti

i delfini, i loro corpi grigi si muovono con uno scopo
    contro la corrente.
Nessuno sulla spiaggia fa attenzione — non l'uomo

in pantaloncini neri e calzini neri che inarca un metal detector
    prima di ogni passo, non
quelli che fanno jogging, le cuffie che passano

gli Stones o J.Lo; Chicago o i White Stripes.
    Come può qualcuno
essere così vicino alla marea borbottante e nasconderla alla vista?

I frangiflutti come pizzo. I gabbiani come angeli ironici
    che gridano Pietà! Pietà!
e poi ridono. Le coppie che lasciano inevitabilmente

i loro hotel (un intero rosario di hotel che si estende
    lungo la riva)
per tenersi per mano mentre l'acqua salata si arrotola alle loro caviglie

mi fanno contento. Come è semplice essere innamorati
    sulla spiaggia anche
in ottobre parecchie centinaia di miglia lontano da casa. L'oceano qui

e l'oceano a Jones Beach così simili che potrei chiudere i miei occhi
    e avere nostalgia della donna sbagliata
e aprirli ed essere spaventato. Non voglio nuotare coi delfini

anche se da quello che ho letto su di loro, la loro giocosità
    e gentilezza, mi fa pensare
che mi dovrebbero piacere, corpi così lisci e aggraziati; piuttosto, vorrei

to walk the sand for a long time and look back
        & not be able
to distinguish my footprints from the others, would like

to let waves splash my feet clean even if treading back here
        meant getting them sandy
again. I want to pick one sea gull & follow it

as it dips & arches eastward into ascendent light,
        so I might lose it
in what I can consider heaven even as dawn moves closer

to daylight, to appearing on pillows beside people I love
        hundreds, some thousands,
of miles west of here, even as other gulls circle

a garbage can to pick at the refuse of this kingdom
        of the commonplace,
their cries of mercy like that of a young woman I heard

through the thin hotel wall last night, so breathless I couldn't tell
        if she were alone
watching a muted television or with someone, and if so

were they fighting or making love. The gulls call like this:
        so sudden and clear
their pleas could be coming from any of us.

camminare sulla sabbia a lungo e guardarmi indietro
    e non essere in grado
di distinguere le mie orme da quelle degli altri, mi piacerebbe

lasciare che le onde mi puliscano i piedi anche se tornare indietro
        a piedi fino a qui
    significa insabbiarmeli
di nuovo. Voglio scegliere un gabbiano e seguirlo

mentre si tuffa e s'inarca verso est nella luce che sale,
    così potrei perderlo
in quello che posso considerare paradiso proprio mentre l'alba
        si avvicina

alla luce del giorno, all'apparire sui cuscini vicino alla gente che amo
    centinaia, qualche migliaio,
di miglia a ovest da qui, anche mentre altri gabbiani vanno in circolo

su un bidone della spazzatura per scegliere i rifiuti di questo regno
    del luogo comune,
i loro gridi di pietà come quelli di una giovane donna che ho sentito

attraverso il sottile muro dell'hotel la scorsa notte, così ansante
        che non potevo dire
    se fosse sola
a guardare una televisione senza audio o con qualcuno, e se così era

se stessero litigando o facendo l'amore. I gabbiani urlano così:
    così improvvise e limpide
le loro suppliche potrebbero venire da ciascuno di noi.

Poem Burning the Surface of Water

The black swan at the Saginaw Zoo circles detatched
at the distant center of the pond while its white counterpart
swims by the shoreline's finger-pointing families;

the school boy thinks of it
practicing Tai Kwan Do in his room—his body trying
to become fluid: to move
through rooms like that ebony bird above stagnant water

which barely leaves a wake . . . .

He thinks of her again—he doesn't know why
but he assumes the fowl is female—
looking into the placid water of the kitchen sink
& the dishes waiting. Outside

the sky greys & flattens. For five days

this summer he has visited the zoo
boarding a bus for a forty minute ride past the Japanese Gardens
& battered former factories
         allowed to rust

just to watch the swan choose its solitude
& how the sun blesses her feathers
so that each one glistens distinctly—obsidian & ribbed—
for a minuscule few seconds. He'd try to count them all. . . .
Then he'd head home
& make supper for himself—grilled cheese with Campbells
Tomato Soup. Kung Fu movies on TV

as day translates its text into nightfall.

He doesn't know yet why both swans are beautiful
& beautiful only in context
        of the other,

the delicate alchemy of yin & yang.

Poesia che brucia la superficie dell'acqua

Il cigno nero allo zoo Saginaw va in circolo, distaccato
nel lontano centro del laghetto mentre il suo bianco sosia
nuota lungo la riva e le famiglie additanti;

lo scolaro pensa a questo
facendo esercizi di Tai Kwan Do nella sua stanza — il suo corpo
                                                                                                 che tenta
di diventare fluido: muoversi
attraverso le stanze come quell'uccello d'ebano sull'acqua stagnante

che lascia a malapena una scia...

E lui pensa di nuovo a lei — non sa perchè
ma presume che il volatile sia femmina —
che guarda nella placida acqua dell'acquaio
mentre i piatti aspettano. Fuori

il cielo ingrigisce e s'appiattisce. Per cinque giorni di fila

quest'estate lui è andato allo zoo
salendo su un autobus per una viaggio di quaranta minuti oltre
                                               i giardini giapponesi
ed ex fabbriche mezze distrutte
                         lasciate arrugginire

solo per guardare il cigno scegliere la sua solitudine
e come il sole benedice le sue piume
così che ognuna luccica distintamente — ossidiana e rigata —
per pochi minuscoli secondi. Ha provato a contarle tutte...
Poi si dirige verso casa
e si fa la cena — formaggio alla griglia e zuppa di pomodoro
Campbells. Film di Kung Fu alla TV

mentre il giorno traduce il suo testo nel crepuscolo

Lui non sa ancora perchè entrambi i cigni siano belli
e belli solo in rapporto
                    all'altro,
la delicata alchimia dell'yin e yang.

Silver Lake

There are kids sleeping in & others off to their first jobs:
washing dishes at Big Boy or bagging groceries. The lucky ones
lug golf bags 18 holes for tips & sun time.
I worked at what we called the Ho Chi Minh Deli
although Mr. Kim was Korean. We were fifteen,
Mike Ficazzola & me, & didn't know better:
our talk was laden with baseball scores, the names
we desired, & how to stay warm when facing bottles in that
                                                          walk-in cooler.
We were paid minimum wage.
We were paid "under the table," Mr. Kim said with a wink
& an accent thick as the cold
in that icy cubicle where we opened cases of soda, of beer,
the bottles icy in ever-numbing fingers.

When you drown I've heard there's a slow numbing of the extremities
which is the cold water catching you,
a lack of oxygen. I've always dreamt of drowning
but never researched what it meant —
never thought about it when we would slip through
the fence by Silver Lake Reservoir, blind
to no trespassing signs:
we swam illegally — that truest freedom. We could,
in certain places, feel the tug of faucets being turned on

all over Staten Island, just like we could
feel the tug of one lover to another in those lit up apartments
we'd stare into with cheap binoculars. Lord,
forgive my trespasses & minor indiscretions.
Forgive me for cursing Mr. Kim
that day I stood beside the vault-like door of that cooler,
my hands pressed between my thighs.
I had just dropped two bottles
because I couldn't feel my fingers any longer . . . .
I collected my last week's wages & walked
never to return,
                    not even to buy a Coke

Silver Lake

Ci sono ragazzini che dormono fino a tardi ed altri che si dirigono ai
                              loro primi lavori:
lavando i piatti a Big Boy o imbustando la spesa. Quelli fortunati
strascinano borse da golf per 18 buche per mancie e un po' di tempo al sole.
Io lavoravo presso quello che chiamavamo l'Ho Chi Minh Deli
anche se Mr. Kim era coreano. Avevamo quindici anni,
io e Mike Ficazzola, e non avevamo buon senso:
le nostre chiacchere erano cariche di punteggi di baseball, i nomi
che noi desideravamo, e come non prendere freddo di fronte alle
                              bottiglie in quel refrigeratore a parete.
Ci davano il minimo salariale.
Eravamo pagati "sottobanco," diceva Mr. Kim con una strizzata d'occhio
e un accento pesante come il freddo
in quel cubicolo gelato dove aprivavamo casse di bibite, di birra,
le bottiglie gelate nelle dita intorpidite per sempre.

Quando affoghi ho sentito dire che c'è un lento intorpidirsi delle estremità
che è l'acqua fredda che ti acchiappa,
una mancanza d'ossigeno. Ho sempre sognato di affogare
ma mai ricercato cosa volesse dire—
non ci ho mai pensato quando scivolavamo attraverso
il recinto della riserva Silver Lake, sconsiderati
ai cartelli che vietavano l'accesso:
nuotavamo illegalmente—quella libertà più vera. Potevamo,
in certi punti, sentire la forza trascinante dei rubinetti che venivano aperti

in tutta Staten Island, come pure potevamo
sentire la forza trascinante di un amante verso l'altro in quegli
                              appartamenti illuminati
in cui guardavamo dentro con scadenti binocoli. Signore,
perdona i miei sconfinamenti e le piccole indiscrezioni.
Perdonami per aver maledetto Mr. Kim
quel giorno in cui rimasi vicino alla porta a cassaforte di quella ghiacciaia,
le mani premute tra le cosce.
Avevo appena fatto cadere due bottiglie
perchè non riuscivo più a sentirmi le dita...
Presi il pagamento dell'ultima settimana e uscii
per non tornare più,
              neppure per comprare una Coca

& cursed him every time that job was mentioned.
The rest of August I pushed a rusty lawn mower for five bucks a lawn.
Those hot nights when the air reeked of bus exhaust,
I still swam, stripping down, my sweaty body sticking
to cotton t-shirts & shards of grass, then leaping from the rocky shore
going under then breaking surface
which rippled with city light. I never thought about
the kids who drowned there
                                    —it was in the paper—
two in three months. They weren't anybody we knew

& besides, Mike said, maybe their souls were looking after us
the way the squad car searchlights combed the dark surface for bodies
at play. His mother, one of those old world Italians,
lit novenas for those boys & for Mike & all his friends
& served us red wine when we ate over
in that small walk-up across the street from the Ho Chi Minh Deli.
Did Mike think of those two boys the following summer
when the surface eluded his grasp? Did the lit rim
of Silver Lake become another light, the light of those candles
& the thousand candles she lit for months afterward

a cityscape of burning wicks in Our Lady of Perpetual Peace.
Even more in her living room, the long glass jars
with the Virgin painted on them beside his class picture. I looked
into those flames for what seemed like a long time
then adjusted my dark tie on my shirt before leaving, still
praying to whatever god I knew then & I could see
Mr. Kim sweeping his sidewalk
as I walked into the darkening city, its few stars like light
refracted in bottle shards, the rest of the night sky
so cold & inviting, the color of deep water.

e lo maledivo ogni volta che quel lavoro era nominato.
Il resto di quell'agosto spinsi un rugginoso tagliaerba per cinque dollari
a prato.
Quelle torride notti quando l'aria puzzava di scarichi d'autobus,
io continuavo a nuotare, togliendomi tutto, il mio corpo sudato appiccicato
alle magliette di cotone e ai frammenti d'erba, poi saltavo dalla riva rocciosa
andando giù e poi riemergendo in superficie
increspata dalla luce cittadina. Non ho mai pensato
ai ragazzini che erano affogati lì
—era sul giornale—
due in tre mesi. Non erano nessuno che conoscessi

e poi, diceva Mike, forse le loro anime ci stavano cercando
nel modo in cui i riflettori della macchina di pattuglia passavano al
setaccio la scura superficie in cerca di corpi
che giocavano. La madre di lui, una di queste italiane del vecchio mondo,
accendeva novene per questi ragazzi e per Mike e tutti i suoi amici
e ci serviva vno rosso quando mangiavamo da lei
in un piccolo appartamento senza ascensore al di là della strada dall'
Ho Chi Minh Deli.
Ci pensò Mike a quei due ragazzi l'estate seguente
quando la superficie eluse la sua presa? Divenne un'altra luce
il bordo illuminato di Silver Lake, la luce di quelle candele
e delle mille candele che lei accese per i mesi a seguire

una veduta di città fatta di stoppini brucianti presso la Nostra
Signora della Pace Perpetua.
Ancora di più nel suo salotto, i lunghi vasi di vetro
con la Vergine dipinta vicino alla foto di classe di lui. Guardavo
dentro quelle fiamme per quello che sembrava un tempo infinito
poi mi sistemavo la cravatta nera sulla camicia prima di andarmene,
continuando
a pregare qualunque dio conoscessi allora e potevo vedere
Mr. Kim spazzare il suo marciapiede
mentre camminavo nella città che annottava, le sue poche stelle
come luce
rifratta in schegge di bottiglia, il resto del cielo notturno
così freddo e invitante, il colore dell'acqua fonda.

Elizabeth Street

Our neighbor Bonnie had a closet
packed with tight blouses, & two sons—nine

& seven—whom I sat for some Friday nights;
I'd spin Clash records on her stereo

till 10:00 then give in to bad television
as the boys rehearsed a whispered dialogue

between their beds. She'd come home well
beyond midnight—lipstick

smudged, cheeks flushed, another frustrated
date. I was fourteen all frustration

& longing myself which I hoped
her twenty bucks might help cure. Once

she grabbed my arm before I left, touched me
in a way I'd only read about, & held me

till my heart finally found its own pace
again. Then she led me to the couch.

Did I cry out her name? I kept that
secret for years, like a relic,

bone shard of desire's patron saint.
Though she didn't say not to tell,

I haven't mentioned it again till now,
but there were days, years later, in a house

miles away when I'd towel myself dry &
in the mirror see the vaccination scar

by my shoulder. How I'd think it was her
thumb print, a small oval of white,

slightly faded, slightly misshapen.

Elizabeth Street

La nostra vicina Bonnie aveva un armadio
pieno di camicette aderenti, e due figli di nove

e sette anni, a cui io badavo qualche venerdì sera;
suonavo dischi dei Clash sul suo stereo

fino alle 10 poi cedevo a della pessima televisione
mentre i ragazzi ripetevano un loro dialogo sussurrato

tra i loro letti. Lei tornava a casa parecchio
dopo mezzanotte – il rossetto

smangiato, le guance arrossate, un altro appuntamento
frustrato. Avevo quattordici anni, io stesso pieno di

frustrazione e desiderio che speravo
i venti dollari di lei avrebbero contribuito a guarire. Una volta

lei mi prese un braccio prima che me ne andassi, mi toccò
in una maniera di cui avevo solo letto e mi trattenne

finchè il mio cuore, alla fine, ritrovò nuovamente il suo
ritmo. Poi mi condusse verso il divano.

Urlai il nome di lei? Ho tenuto quel
segreto per anni, come una reliquia,

frammento d'osso del santo patrono del desiderio.
Anche se lei non mi disse di non dirlo,

non ne ho mai parlato fino ad adesso,
ma c'erano giorni, anni dopo, in una casa

lontana miglia quando io mi asciugavo e
vedevo la cicatrice della vaccinazione

sulla mia spalla. Pensavo che fosse
l'impronta del suo pollice, un piccolo ovale di bianco,

leggermente sbiadito, leggermente sformato.

Poem with a Working Girl Walking Through It

I visited Bill in Bellevue because we'd been friendly—
we had skated together (before
he sold his skateboard) a few times
—and because his girlfriend asked me to.

His eyes swayed in the tides
of the morphine and methadone they'd later wean him from
but which then, in that off-white room,

dripped into one of a few good arteries left on his arm.

I can't explain what I thought when I saw the maggots,
he said. *I was looking for a place
for the needle when I saw them
in my calf. How good it felt when I injected.*

∽

Because I can't explain this, I write it down—

he stuck out his free arm so I could see how thin
the skin was, almost translucent
around the long blades of his bones. We shook hands:

his metacarpals & phalanxes so brittle
in my grip I was afraid they might break.

∽

I never knew how they did it,
the doctors, could only picture a sterile handsaw placed deliberately
above the knee.

    Later a young intern wiped the puke
from his lips, and later still, walked the surprisingly quiet
streets of lower
    Manhattan

Poesia con una lavoratrice che ci cammina attraverso

Feci visita a Bill a Bellevue perchè eravamo stati in amicizia —
avevamo pattinato insieme (prima che
lui vendesse il suo skateboard) qualche volta
— e perchè la sua ragazza me lo chiese.

I suoi occhi ondeggiavano nelle maree
della morfina e del metadone a cui ultimamente avevano cercato
                                                                                                               di disabituarlo
ma che allora, in quella stanza biancosporco,

gocciolavano in una delle poche arterie buone rimaste nel suo braccio.

Non posso spiegare che cosa ho pensato quando ho visto le larve,
disse. *Stavo cercando un posto*
per l'ago quando le ho viste
nel mio polpaccio. Come è stato piacevole quando ho iniettato.

~

Poiché non lo posso spiegare, lo scrivo —

ha cacciato fuori il suo braccio libero così che potessi vedere
                                                                                                                come era sottile
la pelle, quasi semitrasparente
intorno alle lunghe lame delle ossa. Ci demmo la mano:

i suoi metacarpi e falangi così friabili
nella mia stretta che avevo paura si potessero rompere.

~

Non ho mai saputo come avessero fatto,
i dottori, potevo solo immaginare una sega sterile piazzata
                                                                                                                 intenzionalmente
sopra al ginocchio.

                        Più tardi un giovane medico interno pulì il
                                                                                           vomito
dalle sue labbra, e più tardi ancora, camminava per le strade
sorprendentemente quiete di lower Manhattan

alone with a small vial of Valium
he'd use to help him sleep.

∼

When I left the room I was aware
I'd been shaking, was aware of the 206 bones like rungs
that help me stand. Walking home

I saw a young girl in a spandex miniskirt
& heels as long as syringes, bent over to talk
into the window of a parked car before walking away.

As she passed she flashed me
the yellow skyline of her smile
& the thousand restless pigeons of my soul took flight.

∼

Months went by before I visited Bill again
at a clinic. He had thrown
his prosthesis against a chair & its shadow stretched across the tile floor
like an errant scrawl of spray paint. Some times I miss it,

he said. I assumed he meant his leg,
but now, a decade later, I'm not so sure

∼

so I consider those maggots and the flies that must have buzzed like
                                                cigarette smoke
in that abandoned St. Marks walk-up.

& yes, I think of that girl too, the haphazard weeds
of bleached hair, the pale exposed navel winking at me.

solo con una piccola fiala di Valium
che usava come aiuto per il sonno.

~

Quando lasciai la stanza ero conscio
che avevo tremato, ero conscio delle 260 ossa come bastoni
che mi aiutavano a stare in piedi. Camminando verso casa

vidi una ragazzina con una minigonna di spandex
e tacchi lunghi come siringhe, chinata a parlare
dentro il finestrino di una macchina parcheggiata prima di andare via.

Mentre passava mi fece balenare
la gialla sagoma del suo sorriso
e i mille inquieti piccioni della mia anima si alzarono in volo.

~

Passarono dei mesi prima che visitassi di nuovo Bill
alla clinica. Aveva buttato
la sua protesi contro una sedia e la sua ombra si allungava
       lungo il pavimento a piastrelle
come un errante scarabocchio di pittura spray. Qualche volta mi manca,

diceva. Presumevo che intendesse la sua gamba,
ma adesso, dieci anni dopo, non sono così sicuro

~

quindi prendo in considerazione quelle larve e le mosche che
       devono aver ronzato come fumo di sigaretta
in quell'abbandonato appartamento senza ascensore di St. Marks.

E sì, penso anche a quella ragazza, quel casuale groviglio di
       capelli decolorati
come erba, il pallido scoperto ombelico che mi faceva l'occhiolino.

I parrocchetti di Brooklyn ~ 55

& of that fake leg propped against a night stand . . . .
I haven't seen any of them since
—this past like a cough I can't get rid of.

∼

Today, 900 miles distant I watched a working girl walk Division,
the mounds of her breasts pressed close,
their nipples visible through the thin fabric of her blouse
in the orange sheen of street lamps, & I felt
the wind which rubbed us both
thin with its own wanting.

For a price she'll take you
in her mouth. She'll shackle you to a headboard,
straddle you and scratch your chest bloody. For a price
she'll fake orgasms.
For another she'll achieve one.

She'll even hold you till the dark wings of loneliness unfold.

E a quella gamba finta appoggiata contro il comodino...
Non ho visto nessuno di loro da allora
—questo passato come una tosse di cui non riesco a liberarmi.

~

Oggi, a 900 miglia di distanza guardavo una lavoratrice
                                        camminare per Division,
le collinette dei suoi seni premute vicine,
i capezzoli visibili attraverso la sottile stoffa delle camicia
dell'arancio luccicante dei lampioni, e sentivo
il vento che ci consumava entrambi
con il suo desiderare.

Per denaro ti prenderà
nella sua bocca, ti ammanetterà ad una testiera,
ti si metterà a cavalcioni e ti graffierà il petto fino a farlo
                                      sanguinare. Per denaro
simulerà orgasmi.
Per dell'altro ne raggiungerà uno.

Ti terrà addirittura abbracciato finchè le scure ali della solitudine
                                                       si dispiegano.

My Medusa

In the garden of my Medusa, the sculptures of former lovers stand, some cracked, fingers missing, jeweleried with fissures & chips; others adorned with pigeon shit. The birds themselves rise when she approaches, when anyone approaches. In the right wind,

her hair seems to have a hundred minds of its own.

So much I've risked for this, & I'm lucky for my glasses, for how they reflect light so that I never see her straight. When I kiss her, I look askance; when we make love with such urgency—remember, her other suitors have all gone cold by this time—I close my eyes; feel her hair beside my ears, the flicker of little tongues; and focus on the rub of bodies. I have robbed this moment from the gods, & for that I know I may be cursed.

I try to picture her domesticated—so 1960s, in a plush robe before the mirror, brushing her locks tame.

In the morning I waken, desirous, long after dawn, alone, surrounded by the shed skins of numerous snakes.

La mia Medusa

Nel giardino della mia Medusa, si trovano le sculture di precedenti amanti, alcune incrinate, dita mancanti, ingioiellate di crepe e scheggiature; altre adornate con merda di piccione. Gli stessi uccelli si alzano quando lei si avvicina, quando chiunque si avvicina. Con il vento giusto,

i capelli di lei sembrano avere centinaia di vite proprie.

Ho rischiato così tanto per questo, e sono fortunato per i miei occhiali, per come riflettono la luce così che non la vedo mai in modo chiaro. Quando la bacio, guardo di tralice; quando facciamo l'amore con tale urgenza — ricorda, tutti gli altri suoi pretendenti si sono raffreddati arrivati a questo punto — chiudo gli occhi; sento i suoi capelli vicino alle mie orecchie, il guizzare delle piccole lingue; e mi concentro sullo strofinarsi dei corpi. Ho rubato questo momento agli dei, e per quel che so potrei essere maledetto.

Cerco di immaginarmela addomesticata — così anni '60, in una soffice vestaglia davanti allo specchio, che si spazzola le sue ciocche mansuete.

La mattina mi risveglio, desideroso, parecchio dopo l'alba, solo, circondato dalle pelli perdute di numerosi serpenti.

The Invention of the Monsters
—after Dali

What P.T. Barnum understood: normal folks want
to see the freaks,
just don't want to have coffee with them
& so they gather at the show's end
in lonely, open-air places & share
their horribly beautiful stories — one shamed affair
after another. Once, I was
in love with a woman so beautiful
I wept when she touched
the back of my hand & when she laughed,
a thousand Buddhist monks bowed,
their saffron robes waving
like the fiery crack of sky in this Dali painting
in which every face seems to have
its grotesque twin. Some nights I woke
to her cursing me, others to her fingers
cruising around my nipples, & once to her saying,
I wish you'd get angry more —
when you're angry I know you love me.
She kissed me then, open-mouthed, & blew
fury into my body's clay. This
is what we did to each other & still
when she left I became a homonculous of myself,
swallowing swords & planning
to tattoo my body with a New York City subway map.
At each platform I'd display myself
knowing how some would avert their gaze
while others would gawk & check
their station. O, how I missed her,
my monster,
my lovely, long-gone monster.

L'invenzione dei mostri
—da Dalí

Quello che P.T. Barnum capì: le persone normali vogliono
vedere i mostri,
solo, non vogliono prenderci il caffè insieme
e quindi si radunano alla fine dello spettacolo
in solitari spazi aperti e condividono
le loro storie orribilmente belle — una tresca vergognosa
dopo l'altra. Una volta, ero
innamorato di una donna così bella
che piangevo quando mi toccava
il dorso della mano e quando rideva,
mille monaci buddisti s'inchinavano,
le loro vesti color zafferano ondeggianti
come l' infuocata crepa del cielo in questo dipinto di Dalí
in cui ogni volto sembra avere
il suo grottesco gemello. Alcune notti mi sveglio
al suono di lei che mi sta maledendo, altre per le sue dita
che si incrociano intorno ai miei capezzoli, e una volta perchè disse,
Vorrei che ti arrabbiassi di più —
quando sei arrabbiato so che mi ami.
Mi baciò allora, a bocca aperta, e soffiò
furore nell'argilla del mio corpo. Questo
è quello che ci facemmo l'un l'altro eppure
quando lei se ne andò diventai un omuncolo di me stesso,
ingoiando spade e progettando
di tatuare il mio corpo con una mappa della metropolitana di
                                                                        New York.
Ad ogni binario mi esibirei
sapendo come alcuni distoglierebbero lo sguardo
mentre altri mi fisserebbero imbambolati e controllerebbero
la loro stazione. Oh, quanto mi è mancata,
il mio mostro,
il mio adorato, mostro da lungo tempo andato.

Dervish

I've returned to the city of pigeons.
I've returned to this city where I once made love
on a lifeboat of the Staten Island Ferry one summer Saturday
evening. We were seventeen. We thought

we were in love. We had been

listening to the tremoring tones of a tenor saxophone
blown listlessly to the lilt of bay currents & tourist cameras
clicking their castanet rhythm. She had grabbed my left hand
with her right & tugged me beyond the orange fence, pulling aside

the craft's ruddy tarp with her free hand — we found solidarity
in desire the way others we knew found it

in distorted guitar riffs or in the slow sentences of a football
spiraling over parked cars or in the cooped pigeons
an uncle kept on the roof of a brownstone. The boy
who tended them created narratives for each bird

& maintained these stories
while watching the scatterless patterns of their flights
each morning and dusk. A typically American adolescence —
desirous. Unabashedly lonely. He *had* to think those stories real

even if he, in the end, is made up.
& the woman. & the tale of the ferry. & the two boatmen
who watched us from its bridge, & who must have mentioned what
                                                                                 they saw
for months afterward until we were reduced to a moment of narrative

Derviscio

Sono tornato nella città dei piccioni.
Sono tornato in questa città dove una volta feci l'amore
su una scialuppa del traghetto per Staten Island un sabato sera
d'estate. Avevamo diciassette anni. Pensavamo

di essere innamorati. Avevamo

ascoltato i toni frementi di un sassofono tenore
suonati svogliatamente alla cadenza delle correnti della baia e le
                macchine fotografiche dei turisti
che scattavano il loro ritmo di castagnette. Lei aveva afferrato
                    la mia mano sinistra
con la sua destra e mi aveva trascinato oltre il recinto arancione,
                      spingendo di lato

l'incerata rossastra dell'imbarcazione con la mano libera —
                trovammo solidarietà
nel desiderio nel modo in cui altri che conoscevamo la trovavano

in distorti riff con la chitarra o nelle lente frasi di una palla da football
che scende a spirale sopra auto parcheggiate o nei piccioni in gabbia
che uno zio teneva sul tetto di un edificio in pietra arenaria. Il ragazzo
che se ne occupava aveva creato una storia per ogni uccello

e sosteneva queste storie
mentre osservava i disegni ordinati dei loro voli
ogni mattina e crepuscolo. Un'adolescenza tipicamente americana —
piena di desiderio. Disinvoltamente solo. *Doveva* pensare a
                quelle storie come vere

anche se lui, alla fine, è inventato.
E la donna. E la storia del traghetto. E i due barcaioli
che ci guardarono dal ponte, e che devono aver accennato a
                quello che avevano visto
per mesi dopo fino a che fummo ridotti ad un momento di un
                racconto

in a retirement party speech. They're not,
although now so many years have passed who can say
if they still exist — even I

who reside now in a thin city of black squirrels nearly a thousand
              miles from here;
in a city with its one billiard hall
& the guy at its bar who laughs like a goat, & the woman

I met there who said she once played
jazz saxophone but hadn't raised the instrument
in several years. Picture her moistening its reed

before jamming, the slight shine of saliva burnishing the birthmark
by her lower lip; picture her dreams then:
all liquid light and smoke. I can picture

its case in the back of a closet in her small apartment
behind a vacuum cleaner & a platoon of skirts. I heard
its music while she shared her stories & ignored Monday Night

Football on a big, hazy screen as the abacus-
like clacking of billiard balls multiplied the passing minutes.
                How easy

to reinvent an evening like that one — I can say
we weren't at a bar. Weren't in public. Weren't anywhere
inside; rather we participated in the drama of the wind
with its cast of autumnal leaves, their dervish antics. But no,

it was an evening & it happened like I said
in a life made up

del discorso per la festa di pensionamento. Loro non sono,
anche se adesso sono passati così tanti anni che chi può dire
se loro ancora esistano — anche io

che risiedo adesso in una inconsistente città di scoiattoli neri
                                    quasi mille miglia da qui;
in una città con la sua sala da biliardo
e il tizio al bar che ride come una capra, e la donna

che ho conosciuto lì che ha detto che una volta lei suonava
il sassofono jazz ma che non aveva preso in mano lo strumento
da molti anni. Immaginala umettare l'ancia

prima di improvvisare, il leggero luccichio di saliva che
                                    brunisce la voglia
sul suo labbro inferiore; immagina i suoi sogni allora:
tutti luce liquida e fumo. Posso immaginare

il suo astuccio sul retro di un armadio nel suo piccolo appartamento
dietro a un aspirapolvere e a un plotone di gonne. Sento
la sua musica mentre lei condivide le sue storie e ignora il
                                    Monday Night

Football su un confuso schermo gigante mentre lo schioccare
                                    come di
pallottoliere delle palle da biliardo moltiplicano i minuti che passano.
Come è semplice

rinventare una serata come quella — posso dire
che non eravamo a un bar. Non eravamo in pubblico. Non
                                    eravamo da nessuna parte
dentro; piuttosto partecipavamo al dramma del vento
con il suo spargere di foglie autunnali, le loro smanie da dervisci.
                                    Ma no,

era una sera ed è successo come ho detto
in una vita inventata

of moments such as this. & the conversation of those leaves,
that wind — their cracking, crackling voices? If you listen

closely, you might hear how we held one another at night's end;
before parting. For a moment with her scent

so close, I wanted to hold her
the way I held that other girl above me one afternoon years ago,
the lumpy corpses of life preservers beneath us,

after my fingers released
the bunched fabric of her skirt; the way
I held her when she lay against me, our bodies all sweat & pulse.
I didn't know then

we were trying to save ourselves

from loneliness as I stared beyond her at pigeons
pirouetting like shadowy angels, suddenly aware of how
                                      exposed we were
& how crazy & how absolutely, wonderfully, vulnerable.

con momenti come questo. E la conversazione di queste foglie,
quel vento—le loro voci incrinate, gracchianti? Se ascolti

da vicino, puoi sentire come ci stringevamo alla fine della notte;
prima di separarci. Per un momento con l'odore di lei

così vicino, volevo tenerla
come avevo tenuto quell'altra ragazza sopra di me quel
                                        pomeriggio anni fa,
i bitorzoluti cadaveri dei salvagente sotto di noi,

dopo che le mie dita avevano rilasciato
la stoffa raggrinzita della sua gonna; il modo in cui
la tenevo quando giaceva addosso a me, i nostri corpi tutti
                                        sudore e attività febbrile.
Non sapevo allora

che stavamo cercando di salvarci

dalla solitudine mentre guardavo fisso i piccioni oltre di lei
che facevano piroette come angeli irreali, improvvisamente conscio
di come fossimo esposti
e pazzi e come totalmente, magnificamente, vulnerabili.

Poem with Fragments of a Lost Language

The carrier pigeons arrived earlier & cooed
their morse code messages from the window sill
while my cat paced, sulky, below.

Such dangers they risked for your greetings: voracious
raptors, storms, helicopters
airlifting crash victims to hospitals. I open

the screen & strap my reply
to their thin legs,
                        one at a time. The forks
of their feet stab my finger—each one of my notes
a line from this poem you'll have to piece together

like an archaeologist working with fragments

of a lost language: ancient tablets of papyrus
& all that dust. You've taught those birds *The Song of Songs*;
they sing it clearly while they wait.

My cat's tail parries back & forth, frustrated.

When they ascend I see the night sky reversed—
dark constellations against a brilliance. I want to be

the song in their sharp beaks
later when they peck the seed from your palm.

Poesia con frammenti di un linguaggio perduto

I piccioni viaggiatori arrivarono prima del solito e dal davanzale
tubarono i loro messaggi in codice morse
mentre il mio gatto passeggiava sotto, imbronciato.

Che pericoli correvano per i tuoi saluti: rapaci
voraci, temporali, elicotteri
che trasportavano all'ospedale le vittime di incidenti. Apro

la zanzariera e assicuro la mia risposta
alle loro gambe magre,
                         una alla volta. Le inforcature
dei loro piedi trafiggono il mio dito — ognuno di questi messaggi
un verso di questa poesia che dovrai mettere insieme

come un archeologo che lavora coi frammenti

di un linguaggio perduto: antiche tavolette di papiro
e tutta quella polvere. Ho insegnato a questi uccelli *Il Cantico dei Cantici*;
lo cantano in modo cristallino mentre aspettano.

La coda del gatto schiva i colpi avanti e indietro, frustrata.

Quando si elevano vedo il cielo notturno rovesciato —
scure costellazioni su uno scintillio. Voglio essere

la canzone nei loro becchi affilati
più tardi, quando beccano il seme dal tuo palmo.

Women and Birds
—after Miró

Once after a date, after I kissed a date goodnight, I was sent walking, my hands pocketed, down Fifth Avenue. It was one of those halcyon spring evenings: the scent of taxi exhaust wafting & each skyscraper haloed in a light of its own making. I was aware of the returning birds & of the never-went-anywhere pigeons bobbing as they walked. I knew that woman I'd left behind fed those birds each day & made wishes on her kindnesses that I was not part of. I knew, too, there was a whole platoon of such women with bread crusts, with bags of popcorn. This is why I loved her & why I never saw her again.

Pigeons rock as they walk, each in a grey friar's robe; the purple sheen on their necks a crack of light to the next world.

Not that it matters, but if I say I want to lay down in Shepherd's Field in Central Park & be picked clean by birds, it's not because I miss her or that city, but because judgement has already been meted out.

Donne e uccelli
—*da Mirò*

Una volta dopo un appuntamento, dopo che avevo dato il bacio della buona notte alla ragazza, fui spedito a camminare, le mani in tasca, giù per Fifth Avenue. Era una di quelle alcioniche sere primaverili: l'odore dello scappamento dei taxi arrivava a zaffate e ogni grattacielo era nell'alone di luce del suo stesso farsi. Ero consapevole degli uccelli che ritornavano e dei piccioni che non erano mai andati da nessuna parte ballonzolanti mentre camminavano. Io sapevo che quella donna che mi ero lasciato indietro dava da mangiare a quegli uccelli ogni giorno ed espressi desideri sulla sua gentilezza di cui io non facevo parte. Sapevo anche che c'era un intero plotone di queste donne con briciole di pane, con sacchetti di popcorn. Per questo io l'amavo e per questo non la vidi mai più.

I piccioni dondolano mentre camminano, ognuno in una veste grigia da frate; lo splendore purpureo sui loro colli una fessura di luce verso l'altro mondo.

Non che importi, ma se dico che voglio sdraiarmi a Shepard's Field a Central Park ed essere spolpato fino all'osso dagli uccelli, non è perché lei mi manchi o quella città, ma perché la sentenza è già stato assegnata.

In the Distance Something Burning
—for Dennis Hinrichsen

First the wing of lightning, then fire
singing among the trees, percussive crackle & pop of fresh wood
sizzling, splitting, big limbs cracking as sap boils. Later

the smell of singed woods lingering like anger

& the forest service crews searching among the charred white pines
                                                            & aspens,
the soil dark with soot, moist:
what remains of heat & the obelisk of smoke

that adorned the sky like some Biblical sign
all last week. I've looked within the center of fire,

saw a shimmering angel nearly blue-white above the coals
& recalled the world has fire at its core
& thought the soul must be a flame, wavering . . . .

Or, if you prefer, I won't call it the soul, won't argue

semantics. Remember

the promise to Noah, which means only the world can still end
in inferno, so don't ask me why
outside Frostburg a congregation works beside the highway

building a full-scale replica of that ark.
Picture them working: the pastor with his plans unscrolled

on the very desk where he writes his sermons. Nearby, the scriptures
open. He asks everyone for sacrifice—
time or money; labor or lumber. I strike

A distanza qualcosa sta bruciando
—per Dennis Hinrichsen

Prima l'ala del fulmine, poi il fuoco
che canta tra gli alberi, crepitio a percussione e colpo sordo di
                                            legno fresco
che sfrigola, va in pezzi, grosse parti che si spaccano come bolle
                                          di di linfa. Più tardi

l'odore del legno bruciacchiato che rimane nell'aria come rabbia

e quelli della forestale che cercano tra i pini bianchi carbonizzati e
   i pioppi,
il suolo scuro di fuliggine, umidità:
quale che rimane del calore e l'obelisco di fumo

che ha adornato il cielo come un qualche segno biblico
per tutta la settimana scorsa. Ho cercato dentro al centro del fuoco,

ho visto un angelo luccicante quasi blu-bianco sopra i tizzoni
e mi sono ricordato che il mondo ha il fuoco al suo centro
e ho pensato che l'anima deve essere una fiamma, ondeggiante...

O, se preferisci, non la chiamerò l'anima, non discuterò di

semantica. Ricorda

la promessa a Noè, che vuol dire che solo il mondo può ancora finire
in un inferno, quindi non chiedermi perchè
fuori da Frostburg una congregazione lavora vicino all'autostrada

a costruire un modello a grandezza naturale dell'arca.
Immaginateli al lavoro: il pastore con i progetti srotolati

sullo stesso tavolo dove scrive i suoi sermoni. Lì vicino, le scritture
aperte. Chiede a tutti un sacrificio—
di tempo o denaro; lavoro o legname. Accendo

a match & touch its hangnail of heat
to drafts of this poem,
      watch them ignite & think it good

as they shrivel, curl & blacken in a bowl, orange blaze &
its wisps like incense, my own offering

to Prometheus, poor Titan,
whose only crime was loving us too much; all that

black ash, a few crumbs of unburned paper among it, wordless,
like petals of a small flowering tree. It's amazing what remains. Imagine

a woman on her knees. She's wearing the field green & khaki
uniform of the forest service, sifting through what's left of the birches
& underbrush. See how she brings some soot to her nose,

rubs more between fingers.
Her team has plotted wind trajectories
& knows the nexus of the blaze was close by. She moves a few yards,

feels the grit of more ash in the crevices of her finger-
prints & scoops some into a Ziploc bag.
She consults with her colleagues.

She hopes to trace this moment all the way back to its source.
              Last summer
one such fire began when someone burned letters
from an estranged lover, the broad hands of the conflagration

inevitably reaching toward distant neighborhoods.

Those homeowners crossed themselves,
praying for a reprieve before putting cars in gear,
evacuating. There had been months of drought

un fiammifero e tocco con la sua pipita di calore
le stesure di questa poesia
        le guardo prendere fuoco e penso sia una buona cosa

mentre raggrinziscono, si arricciano e scuriscono in una ciotola,
                                        fiamma arancione e
i suoi ciuffi come incenso, la mia offerta privata

a Prometeo, al povero Titano,
il cui unico crimine fu amarci troppo; tutta quella

cenere nera, poche briciole di carta non bruciata in mezzo a
                                        quella, senza parole,
come petali di un piccolo albero in fiore. E' incredibile quello
                                        che resta. Immagina

una donna in ginocchio. Sta indossando l'uniforme della forestale
verde prato e khaki, esaminando quello che resta delle betulle
e del sottobosco. Guarda come si porta un po' di fuliggine al naso,

ne strofina dell'altra tra le dita.
La sua squadra ha tracciato le traiettorie del vento
e sa che il cuore della fiamma era vicino. Si sposta di qualche iarda,

sente il pulviscolo di altra cenere nelle fessure delle sue impronte
digitali e ne raccoglie un po' in una busta ermetica di plastica.
Si consulata con i colleghi.

Spera di delineare questo momento per tutto il percorso fino
                                        alla sua origine. La scorsa estate
un fuoco simile cominciò quando qualcuno bruciò le lettere
di un amante disamorato, le ampie mani della conflagrazione

inevitabilmente si allungarono verso distanti quartieri.

Quei proprietari di case si fecero il segno della croce,
pregando per una tregua prima di mettere le macchine in marcia,
e evacuare. C'erano stati mesi di siccità

& no precipitation was forecast.

The fire hollered for days while helicopters dropped spray & crews
manned hoses, dug trenches; the fire blazed
& through the haze it lifted
people claimed they'd never seen such brilliant sunsets.

e nessuna precipitazione era prevista.

Il fuoco aveva urlato per giorni mentre gli elicotteri scaricavano
                                                              spray e le squadre
azionavano le maniche antincendio, scavavano trincee; il fuoco
                                                                         divampava
e attraverso la nebbia che aveva sollevato
la gente disse che non aveva mai visto dei tramonti così belli.

American Renku

As day lowers its shamed head, bird song
like the last time I heard my parents laugh
without any tint of regret.

Was I five then? The birds grow sullen
while bats come out
with their equations for sine curves.

All night: cricket song or something like it.

Renku americano

Mentre il giorno abbassa la sua testa arrossita, una canzone d'uccello
come l'ultima volta che ho sentito i miei genitori ridere
senza nessuna sfumatura di rammarico.

Avevo cinque anni allora? Gli uccelli diventano taciturni
mentre escono i pipistrelli
con le loro equazioni per sinusoidi.

La notte intera: il canto di un grillo o qualcosa del genere.

The Truly Gifted

My mother, bless her, her infrequent visits to psychics —
the past life readers, the interpreters of Tarot Cards &
rune stones, the ball-gazers, the women capable

of seeing apparitions in her cluttered apartment.

Who doesn't desire some spiritual guide through the city of calendar
                                                                                             squares?
Who isn't culpable?
All day in the parish church where I once was an acolyte

the church crones line up to confess,
their small sins like boulders tied to a rope

they heave-and-ho behind themselves, every trespass,
every bad thought & want

catalogued for a priest behind the screen, the priest whose
                                                                                    Indian accent
they recognize. On their knees later
those women release their sins in the hushed movements

of their small mouths. How long

till my mother joins them there? Right now, this morning,
she slices a banana into small circles that fall
among her corn flakes;
                        later, she'll visit her aunt

or any one of the Dotties she knows
filling her Saturday loneliness with conversation, the necessary
stops at the supermarket & dry cleaners.

Il realmente dotato

Mia madre, Dio la benedica, le sue rare visite dagli psichici,
i lettori di vite precedenti, gli interpreti dei tarocchi e
delle pietre runiche, quelli che guardano nella palla di cristallo,
                                                    donne capaci

di vedere apparizioni nel suo disordinato appartamento.

Chi non desidera una qualche guida spirituale attraverso la città
                                    di riquadri del calendario?
Chi non è colpevole?
Tutto il giorno nella parrocchia dove un tempo ero un accolito

le vecchie della chiesa si mettono in fila per confessarsi,
i loro piccoli peccati come pietre legate a una fune

che loro si trascinavano dietro, ogni trasgressione,
ogni pensiero cattivo e desiderio

catalogato per un prete dietro al divisorio, il prete di cui riconoscono
l'accento indiano. In ginocchio più tardi
queste donne si liberano dei loro peccati coi silenziosi movimenti

delle loro piccole bocche. Quanto passerà

prima che mia madre si unisca a loro? Proprio adesso, questa mattina,
taglia una banana in piccoli cerchi che cadono
tra i suoi corn flakes;
                        più tardi, farà visita a sua zia
o una qualsiasi delle Dotties che conosce
che riempiono con la conversazione la solitudine del sabato, le
                                                    necessarie
fermate al supermercato e alla lavanderia.

Picture her: at a red light
while there's a pause between songs on the radio so that her
                                            whole world—
the entire intersection around her—

goes silent for a brief, unexpected second.

What does she think then,
before the light changes, before a horn urges another car
through a turn, before the kids near the corner

scatter into a thousand shards of laughter—?

My mother, does she think of her father or her ex-husband
or any of the lovers she's had since,
or her sons? Does she look into the passenger seat's

small pile of laundry—her business suits,
her daily experience

& sigh? I need to think so.

I need to believe she doesn't consider the purse snatcher
several years back & how she wouldn't let go
even as the driver of his car

stepped the accelerator, like the drivers all around her now.
If I said one novena

for every yard she was dragged, my tongue would be holy indeed.

I have to believe she's thinking of a gentler touch,
have to believe her trepidation can rise with that sigh
into the stagnant Staten Island air of May

Immaginatela; a un semaforo rosso
mentre c'è una pausa tra le canzoni alla radio così che tutto il
                                                        suo mondo—
l'intero incrocio intorno a lei—

è in silenzio per un breve, inaspettato secondo.

Che cosa pensa allora,
prima che il semaforo cambi, prima che un clacson solleciti
                                                   un'altra macchina
a svoltare, prima che i bambini vicino all'angolo

si disperdano in un migliaio di frammenti di risate—?

Mia madre, pensa a suo padre o al suo ex-marito
o a qualcuno degli amanti che ha avuto da allora,
o ai suoi figli? Guarda sul sedile del passeggero

la piccola pila di bucato—i suoi completi,
la sua esperienza quotidiana

e sospira? Ho bisogno di pensare questo.

Ho bisogno di credere che lei non stia pensando al borsaiolo
di parecchi anni addietro e a come lei non voleva mollare la presa
anche se il guidatore dell'auto di lui

aveva premuto l'acceleratore, come in questo momento tutti i
                                                  guidatori intorno a lei.
Se dicessi una novena

per ogni iarda che lei fu trascinata, la mia lingua sarebbe
                                                 davvero santa.

Devo credere che lei stia pensando ad un tocco più gentile,
devo credere che la sua trepidazione possa sollevarsi con quel sospiro
nella stagnante aria di maggio di Staten Island

& eventually evaporate or linger there long enough
for her to drive away to whatever awaits her

even as a sudden wind blows open a nearby newspaper,
thrown away, its pages flipping slowly,
like cards in the hands of someone she might claim was truly gifted.

e eventualmente evaporare o rimanere lì abbastanza a lungo
perchè lei possa guidare verso qualsiasi cosa la attenda

anche se un vento improvviso spalanca con un soffio un giornale
                                                                                 lì vicino,
buttato via, le sue pagine che si voltano lentamente,
come carte nelle mani di qualcuno che lei potrebbe affermare
                                                          fosse realmente dotato.

Portrait of My Father Playing Cards, Brooklyn, 1975

See my father with a fan of five playing cards
        in his right hand, cigarette held in a tin ashtray
beside him. Blue smoke blurring our vision;

he thinks he looks like Sinatra in those Rat Pack Vegas
        films which is my father's vanity showing itself &
which we'll have to forgive because he's young as we watch—

perhaps only my age now—& because he's settled to believe
        the lies of old men who sit at round tables & trust
in the beauty of chance: red & black suits; the blue

diamond-back pattern of the cards; the grimy hues of clay
        chips. Their towers before him expand & decrease
at intervals. I now understand what he prayed for then—

some success measurable by stakes & winning;
        what my mother prayed for: just that'd he'd come home.
What I prayed for: the sweet pomegranate I saw in the market.

How I loved it's little jeweled seeds, each with a place
        in the fruit's husk. I watched him play cards like I
watched him take the razor to his chin & cheeks

each morning. Little cuts of blood on his neck, reminiscent
        of pomegranate staining my lips & tongue red,
not bloody as the faces of soldiers I saw on the news,

Huey Choppers stirring up a cumulonimbus of dust.
        The kids at school called pomegranates Chinese Apples
& divvied up bubble gum cigarettes which we blew into

pushing sugary smoke into the wind. I wanted
        to be like my father
because I loved my mother, so I learned how to handle

Ritratto di mio padre che gioca a carte, Brooklyn, 1975

Vedi mio padre con un ventaglio di carte da gioco
    nella sua mano destra, la sigaretta appoggiata ad un
          posacenere di latta
vicino a lui. Fumo blu che confonde la nostra vista;

lui pensa di assomigliare a Sinatra in quei film dei Rat Pack a Vegas
    che è la vanità di mio padre che si mostra e
che dobbiamo perdonare perchè è giovane mentre lo guardiamo —

forse solo la mia età di adesso — e perchè è determinato a credere
    alle bugie dei vecchi che siedono ai tavoli rotondi e si fidano
della bellezza del caso: sequenze rosse e nere; il motivo blu

a losanghe delle carte; le tinte sporche dei gettoni
    d'argilla. Le torri di queste che crescono e diminuiscono
a intervalli. Capisco adesso per cosa lui pregava allora —

un qualche successo misurabile in scommesse e vincite;
    quello per cui pregava mia madre: solo che lui tornasse
          a casa.
Quello per cui pregavo io: la dolce melograna che avevo visto al
          mercato.

Come mi piacevano i suoi piccoli semi come gioielli, ognuno
          con un posto
    nel guscio del frutto. Lo guardavo giocare a carte come
lo guardavo portarsi il rasoio al mento e alle guance

ogni mattina. Piccole ferite sanguinanti sul suo collo, che richiamavano
    la melagrana che mi macchiava di rosso le labbra e la lingua,
non insanguinate come le facce dei soldati che vedevo al telegiornale,

elicotteri Huey che sollevavano un cumulonembo di polvere.
    I ragazzini a scuola chiamavano le melagrane mele cinesi
e si spartivano sigarette di gomma da masticare in cui soffiavamo

spingendo fumo zuccheroso nel vento. Volevo
    essere come mio padre
perchè amavo mia madre, quindi imparai come maneggiare

cards & studied him as he smoked & crooned
    Strangers in the Night as he drove
Brooklyn streets, bringing me home to her house,

a Mets game between innings on the radio. From
    my place in the backseat how could I have saved
any of us? How could I have known what to save?

le carte e lo studiavo mentre fumava e canticchiava
     Strangers in the Night mentre guidava
attraverso le strade di Brooklyn, portandomi a casa da lei,

una partita dei Mets tra innings alla radio. Dal
     mio posto sul sedile posteriore come avrei potuto salvare
qualcuno di noi? Come avrei potuto sapere che cosa salvare?

God, the Body

I first kissed a girl in that house
on East 2nd Street, that house one block from the elevated
F train, a metallic clacking I could hear
late, keeping me awake. How it sounded like the squeaking chains

of swings when my brother pushed me,
but louder, angrier, perhaps
more like the hinges of my parents' bedroom door.

∾

Nobody believes this but it's true:
each summer day a ride truck would arrive
an hour after the Dairy Creem man: the King Kong

on which we sat, three tiers of kids facing each other, quiet
till it began rocking, then
shrieks; a ferris wheel of five capsules;
the whip's little carts speeding a track's acute curves. For fifty cents

you could ride one of these.
I was five years old — maybe six — chocolate ice cream
smudged my mouth & I spent my quarters
sat with my brother or sister;
sat with Loretta

who otherwise sat with her own sister
whose name I no longer know, just like I don't know
what they looked like, just recall

her skinny legs,
                 the paleness of her forearms.

∾

Dio, il corpo

Ho baciato una ragazza per la prima volta in quella casa
in East 2nd Street, quella casa lontana un isolato dal treno
F sopraelevato, uno schioccare metallico che potevo sentire
tardi, che mi teneva sveglio. Suonava come le catene stridenti

dell'altalena quando mio fratello mi spingeva,
ma più forte, più arrabbiato, forse
più come i cardini della porta della camera da letto dei miei genitori.

∽

Nessuno crede a questo ma è vero:
ogni giorno d'estate un camion arrivava
un'ora dopo l'uomo del Dairy Creem: il King Kong

su cui sedevamo, tre file di bambini uno di fronte all'altro, tranquilli
finché non cominciava a dondolare, poi
le urla; una ruota panoramica da cinque capsule;
i piccoli carrelli oscillanti che acceleravano in aguzze curve
      sulla carreggiata. Per cinquanta cents

potevi guidare una di queste.
Avevo cinque anni— forse sei—il gelato al cioccolato
mi macchiava la bocca e spendevo i miei quartini,
sedevo con mio fratello o sorella;
sedevo con Loretta

che sennò sedeva con sua sorella
il cui nome non ricordo più, come pure non so
che aspetto avessero, mi ricordo solo

le sue gambe magre,
    i pallidi avambracci.

∽

& how much we both enjoyed pizza & grape drink
poured into waxy cups from clear plastic dispensers.
O, how sun through the windows

lit that purple liquid. Then we'd eat Italian ices
scooped into paper — cherry & lemon, the juice

sticky on fingers and lips. This is how I learned desire:

∼

such a sweet taste like words you shouldn't say.
My brother & the older boys pitched innings of stickball,

who knows where the rest of my family was,
already unravelling,

the first time Loretta visited & stripped
Barbie & Ken, both of us awestruck
by the few differences on those smooth plastic bodies

so we stripped ourselves.

We didn't touch but didn't rush to dress either
until we heard the door downstairs give its warning.

All that summer we undressed ourselves — in bedrooms, in
whatever private places we could devise.

Whenever I see giraffes I think of her underwear.

∼

e come a entrambi piacesse la pizza e la bevanda all'uva
versata dentro cerei bicchieri da dei contenitori di plastica trasparente.
Oh, come il sole attraverso le finestre

illuminava quel liquido purpureo. Poi mangiavamo gelati
messi dentro la carta—ciliegia e limone, il succo

appiccicosi sulle dita e le labbra. È così che ho imparato il desiderio:

∼

un così dolce sapore come parole che non dovresti dire.
Mio fratello e i ragazzi più grandi lanciavano innings a stickball,

chi lo sa dove fosse il resto della loro famiglia,
già in disfacimento,

la prima volta che Loretta mi fece visita e spogliò
Barbie e Ken, fummo entrambi sgomenti
dalle poche differenze di quei lisci corpi di plastica

così ci spogliammo noi stessi.

Non ci toccammo ma pure non ci affrettammo a rivestirci
finchè non sentimmo la porta di sotto dare il suo preavviso.

Per tutta quell'estate ci spogliammo—in camere da letto, in
qualsiasi luogo privato che potessimo escogitare.

Ogni volta che vedo giraffe penso alle sue mutande.

∼

For years I held the secret of a girl's body
like the knowledge of god. With my stuffed animals

as witness she kissed me goodbye, lightly, on the lips,
her lips the flavor of grape or lemon, tacky with Italian ice
the only thing we could still get near our new home:

∼

there were no amusement trucks. No swings
in a nearby park. No train sound calling.

When I went to confess my sins the first time,
Loretta's name never crossed the border of my tongue, never once
did I mention her when classmates began finding

those magazines older brothers hid,
the way my brother housed *Hustlers* flat beneath a tangle of
                                                    socks and briefs.
What stirring I felt

& so learned that once, though we rarely said a word
about our bodies, I may have been in love. There

beside my brother's dresser, I touched those photos,
one slim, extended finger,
& exhaled her name for the last time.

∼

Per anni ho tenuto il segreto del corpo di una ragazza
come la conoscenza di dio. Con i miei peluches

a testimoni ci separavamo con un bacio, delicato, sulle labbra,
le sue labbra al gusto di uva o limone, appiccicose per il gelato
l'unica cosa che potessimo ancora trovare vicino alla nostra
                nuova casa:

∽

non c'erano camion dei divertimenti. Nè altalene
in un parco vicino. Nessun suono del treno che chiamava.

Quando andai a confessare i miei peccati per la prima volta,
il nome di Loretta non superò mai il confine della mia lingua,
                mai una volta
la nominai quando i compagni di classe cominciarono a trovare

quei giornalini che i fratelli più grandi nascondevano,
il modo in cui mio fratello metteva *Hustler* di piatto sotto un
groviglio di calzini e mutande.
Quale eccitazione sentivo

e così imparai che un tempo, anche se raramente parlavamo
dei nostri corpi, potevo essere stato innamorato. Là

vicino al guardaroba di mio fratello, toccavo quelle foto,
un magro dito esteso,
e esalavo il suo nome per l'ultima volta.

∽

What priest wouldn't forgive us,
                              naked as saints, pale & pure.
If she remembers any of this, God
bless her; if she doesn't God bless her.
I don't wake nights, her name tangled in my covers—no,

I'm trying to explain why sometimes when I taste grape
I feel _____ —let's not call it melancholy—
& lick my lips & think of purple liquid lit up with sunlight,

bright in a way memory isn't, bright
like that one fragment of stained glass focused upon
during a sequence of Hail Marys,
brilliant at sunset, fiery, seemingly holy.

Quale prete non ci perdonerebbe,
                              nudi come santi, pallidi e puri.
Se lei ricorda qualcosa di tutto ciò, Dio
la benedica; se non ricorda Dio la benedica.
Non mi sveglio la notte, il suo nome aggrovigliato nelle mie
                                        coperte—no,

sto cercando di spiegare perchè qualche volta quando assaggio l'uva
sento_____ —non chiamiamola melanconia—
e mi lecco le labbra e penso al liquido purpureo illuminato dal sole,

luminoso in un modo in cui la memoria non è, luminoso
come quel frammento di vetrata su cui mi fissavo
durante una sequenza di Ave Maria,
splendente al tramonto, infuocato, apparentemente santo.

Eros

Today, the god of love is a postman lost
in a snow storm, his mail bags
full of advertisements, letters of forgiveness & care
packages. There are no bills

but, also, no one on his route. Just snow.

Just snow. When rescue crews fail
to show, he digs into the drifts to make a cave,
fashions, then, a woman of snow
& kisses breath into her until her lungs wheeze.

From his bag he pulls a heart-shaped box of chocolates

addressed to you. He opens it & removes
two candies. He feeds her one & the other
he bites into, relishing the taste of its coconut
center. Later still they bed down together,

keeping their bodies close to beat the cold.

Eros

Oggi, il dio dell'amore è un postino perduto
in una tempesta di neve, le sue borse della posta
piene di pubblicità, lettere di perdono e di pacchetti
regalo. Non ci sono conti

ma neppure qualcuno sulla sua strada. Solo neve.

Solo neve. Quando le squadre di soccorso non si
presentano, lui scava nelle montagne di neve per farsi una caverna,
poi fa una donna di neve
e con i baci le infonde il respiro finchè i polmoni di lei ansimano.

Dalla sua borsa prende una scatola di cioccolatini a forma di cuore

indirizzata a te. La apre e prende
due dolcetti. Ne dà uno a lei e l'altro
lo morde lui, gustando il sapore del cuore
al cocco. Più tardi vanno a dormire insieme,

tenendo i corpi vicini per combattere il freddo.

Northern Michigan Winter

Once, in a basement of a house, I talked a woman
into not slashing her wrists. For two hours
I stood there as she wept & swore & sometimes
named her grandfather without any explanation
till she at last surrendered the razor knife weakly,
one small comma of blood from where she cut

her thumb on its stainless blade. Outside,
snow surrounded the foundation
so anyone driving by might've pointed at our house
among the trees & called it picturesque.
When she succumbed to sleep I waded for a few hours
in the shallow pool of her breath & then crept

to the living room where I listened to Bob Marley
as if the dreadlock bass could warm me or her
or the cat which purred through dreams of squirrel kills,
listened till grey light dulled my senses &
I too slept like I promised I wouldn't—the furnace
in the cellar coming to life with a barely audible click.

Inverno nel Michigan del Nord

Una volta, nel seminterrato di una casa, convinsi una donna
a non tagliarsi i polsi. Per due ore
rimasi lì mentre piangeva e bestemmiava e qualche volta
faceva il nome del nonno senza alcuna ragione
finchè alla fine cedette debolmente il rasoio,
una piccola virgola di sangue dove si era tagliata

il pollice sulla lama immacolata. Fuori,
la neve circondava le fondamenta
così tutti quelli che passavano in macchina da lì potevano indicare
                                                                la nostra casa
fra gli alberi e definirla pittoresca.
Quando lei soccombette al sonno io mi trascinai per qualche ora
nella bassa pozza del suo respiro e poi strisciai

in salotto dove ascoltai Bob Marley
come se il basso *dreadlock* potesse riscaldare me o lei
o il gatto che faceva le fusa attraverso sogni di uccisioni di scoiattoli,
ascoltai finchè la luce grigia non offuscò i miei sensi e
anche io dormii come avevo promesso di non fare — la fornace
in cantina che prendeva vita con un click appena percettibile.

Night Ending with the Sleep of Drunks and Penitents

Occasional bass thunder thumps the sky
as troops from the local guard base launch artillery
into the night. The whole town tremors
with these concussions, & the hands of town drunks
shiver a bit more noticeably at the Plaza Bar.
I've seen teen boys shake that way,
elongating each moment of insecurity before phoning girls they like;
I once believed in a love that set the body trembling.
I once stood by the kitchen window, a skyline of dishes
scattered beside a basin full of suds, & procrastinating
stared at bees—those bantam dirigibles—hovering
near a hive beneath the eaves. She'd ask
how I knew I loved her, how I knew . . .
so many things. I won't say
what went wrong or who: fault and blame two suitcases
we all can claim. The night it was over,
I sat at Spike's Keg of Nails & watched National Guardsmen
shoot eightball & order pitchers of draft beer
until finally the bar girl shook her head at the waitress
who had to tell them they were cut off.
They left so quietly—a platoon of empty glasses,
parade formation. In the quiet they left behind the jukebox,
which had mumbled to itself all evening,
began preaching to the few of us who remained:
some honky-tonk guy complaining about his wife
& her other man— simple really. I understood
the singer's sensibility right then— not rage
or jealousy or even hurt just an indignant resignation.
Until that moment I believed in love the way that waitress believes
in the limitless potential of tips,
or how a drunk believes in the redemptive
stroke of the wind's hand along his cheek, the drive home;
his window cranked wide. I drained my last pint & left

Fine di una nottata con il sonno di ubriachi e penitenti

Un occasionale tuono grave percuote il cielo
mentre le truppe della base di guardia locale lanciano artiglieria
nella notte. L'intera città trema
per questi colpi, e le mani degli ubriachi della città
rabbrividiscono un po' più visibilmente al bar Plaza.
Ho visto adolescenti tentennare in quel modo,
allungando ogni momento di insicurezza prima di telefonare
                                    alle ragazze che gli piacciono;
un tempo credevo in un amore che iniziasse il corpo al tremito.
Una volta sono rimasto alla finestra di cucina, un profilo di piatti
sparsi vicino a una catinella d'acqua saponata, e procrastinando
guardavo le api — quei dirigibili peso gallo — che volteggiavano
vicino a un alveare sotto la grondaia. Lei mi chiedeva
come facevo a sapere di amarla, come facevo a sapere...
così tante cose. Non dirò
cosa andò male o chi: colpa e biasimo due valige
che tutti possiamo rivendicare. La notte che finì,
sedetti a Spike's Keg of Nails e guardai gli uomini della guardia
                                                   nazionale
giocare a biliardo e ordinare caraffe di birra alla spina
finchè finalmente la ragazza del bar scosse la testa alla cameriera
che dovette dirgli che non sarebbero stati più serviti.
Uscirono così silenziosamente — un plotone di bicchieri vuoti,
una formazione da parata. Nella quiete che si lasciarono alle
                                         spalle il jukebox,
che aveva parlottato con se stesso tutta la sera,
cominciò a predicare ai pochi di noi che erano rimasti:
un tizio squallido che si lamentava di sua moglie
e del'altro uomo di lei — davvero semplice. Compresi
la sensibilità del cantante proprio allora — non rabbia
o gelosia o neppure ferita solo un'indignata rassegnazione.
Fino a quel momento avevo creduto all' amore nel modo in cui
                                           la cameriera crede
all'infinito potenziale delle mance,
o come un ubriaco crede nel tocco
di redenzione della mano del vento lungo la sua guancia, la
                                         corsa in auto verso casa;
il suo finestrino tutto abbassato. Prosciugai la mia ultima pinta
                                                         e lasciai

a ten spot before joining
that moonless May. I thought I heard thunder but there were no clouds,
no sign of storm; then I pictured some late night gunnery sergeant
firing rounds at starlings
or hearts. In that stillness
the exclaimed expletives of those shells were startling,
nearly lovely, an echo, not of creation but of some near-missed
                                                                                 apocalypse.
I pocketed my hands, walked
the six blocks home, & thought of nothing
but the few squirrels I saw & the young couple
on an Ingham Street porch writing plans. If not for those explosions
punching holes in night's gingham dress, this could've been
                                                                                 any town
in North America, & my life anybody's:
its stock of petty pleasures and traumas. That night
I looked at her picture and for the last time, then slept
the sleep of drunks & penitents
while outside the recurring booms dulled to one fuzzy, consistent
                                                                                      buzz
& I dreamed our two skulls were filling with bees.

una macchia a forma di dieci prima di unirmi
a quel maggio senza luna. Mi sembrò di sentire un tuono ma
                                        non c'erano nubi,
nessun segno di temporale; poi mi immaginai un qualche
                                    sergente maggiore nottambulo
sparare salve a storni
o cuori. In quell'immobilità
l'esclamata imprecazione di quei proiettili era sconcertante,
quasi incantevole, un eco, non di creazione ma di una qualche
apocalisse quasi mancata.
Mi misi le mani in tasca, camminai
per sei isolati verso casa, e non pensai a nulla
se non ai pochi scoiattoli che vidi e alla giovane coppia
sul portico di una casa a Ingham street che scriveva piani. Se
                              non fosse stato per quelle esplosioni
che facevano buchi nel tessuto di percalle della notte, questa
                              sarebbe potuta essere una città qualsiasi
del nord America, e la mia vita quella di chiunque:
il suo repertorio di meschini piaceri e traumi. Quella notte
guardai la foto di lei e per l'ultima volta, poi dormii
il sonno degli ubriachi e dei penitenti
mentre fuori i rimbombi ricorrenti si smorzavano in un confuso,
                                                  coerente ronzio
ed io sognai i nostri due teschi riempirsi d'api.

Bath

There's a picture of her—actually there's not, the photo taken on a roll of film lost on the way to the lab: she's laying in the bath tub, water up to the porcelain's collar; islands of breast and leg & abdomen rising from the suds, the geography of bodies, the cartography of flesh.

Sometimes he imagines that photograph, envisions it in a blank space in the albums of their time together, the way the washcloth covered the jungle of her pubic hair. How he moved bubbles, rubbed them over the pebbles at the apex of her breasts, the hard nipples beneath his thumb for a moment. The whine of the flash like a lightning bolt across this sky. She blushed then, her face warm and flushed as the summer night.

Now, it's winter; camera-less, he sees her again in that tub, her hands a mountain range on the plain of her stomach—sees her again, & wishes some understanding to the mysteries of alchemy: he'd make his flesh water, surround her & enter the coves of her pores, lap like a tide into her unconscious, & cleanse them both. The way they'd rise together into the cold air of the bathroom—their souls wet with their emergence into the world.

Bagno

C'è un'immagine di lei—in verità non c'è, la foto è stata fatta su un rotolino perduto sulla via al laboratorio: lei giace nella vasca da bagno, l'acqua su fino al collo di porcellana; le isole del seno e gamba e addome si sollevano dall'acqua saponata, la geografia dei corpi, la cartografia della carne.

Qualche volta lui immagina quella fotografia, la vede nello spazio vuoto degli album del loro tempo insieme, il modo in cui la pezzuola copriva la giungla dei suoi peli pubici. Come lui aveva mosso le bolle, le aveva strofinate sopra i ciottoli all'apice dei suoi seni, per un momento i capezzoli duri sotto il suo pollice. Il lamento del flash come un un fulmine lampeggiante attraverso questo cielo. Lei arrossì allora, il suo viso accaldato e arrossato come la notte estiva.

E adesso è inverno; senza la macchina fotografica, lui la vede di nuovo in quella vasca, le sue mani una catena montuosa sulla pianura del suo stomaco—la vede di nuovo, e spero una qualche comprensione dei misteri dell'alchemia: vorebbe rendere la sua carne acqua, circondarla ed entrare negli incavi dei pori di lei, lambire come una marea il suo inconscio, e purificarli entrambi. Il modo in cui si alzerebbero insieme nell'aria fredda della stanza da bagno—le loro anime bagnate dalla loro apparizione nel mondo.

A Short Conversation about Birds

You say, *I've heard the homeless sometimes eat pigeons.* We're in a pub, of course—conversations like this only happen in pubs so a bartender can counter: *Not true. They're eating fucking seagulls. That's why you see so few of them these days.* Either way, it's gross, says you. He pours us each a free shot, the liquid incandescent in cut glass.

Later we walk north, arms sometimes bumping. Pigeons eye us warily. You give a wino a greenback, & hopes he'll buy a sandwich, a donut, licorice. *They don't eat them raw, do they?* I picture someone plucking feathers, white fluff caught, a spill of brilliance, on stained & tattered clothes. *No,* I say, *they light fires in garbage cans. They use car antennae as spits. Rotisserie pigeon.* I use my teacher voice. You nod.

If it doesn't taste like pigeon, what does it taste like?

Like cigarette butts & popcorn. Like sweat, old OTB stubs, & baguettes. Like black-and-white cookies & stale bagels. Like the coppery taste of subway tokens. Like the inside of your elbow. No, like the inside of your thigh.

I think of my father ripping race tickets. Of my uncle sifting through garbage bins. Of an ex-girlfriend calling me once, sobbing, after her father served squirrel for dinner. Of a cigarette we share now, & how such sharing is as close as we'll get to kissing. & I realize the bartender was right—I haven't seen gulls recently.

I say none of this. Grey birds rise into the grey haze where street light dims, so they disappear near the frame of this scene: Lexington Avenue, neon opulence of restaurants, the two of us, & pigeons —plump cherubs, little surrealistic cupids—cooing & always in season.

Una breve conversazione sugli uccelli

Dici, Ho sentito dire che qualche volta i senzatetto mangiano i piccioni. Siamo un un pub, ovviamente—conversazioni come questa succedono solo in pub così un cameriere può controbattere: *Non è vero, Mangiano solo fottuti gabbiani. È per questo che se ne vedono così pochi ultimamente.Comunque sia, è una cosa schifosa,* dici. Lui versa ad ognuno di noi un giro gratis, il liquido incandescente nel vetro molato.

Più tardi camminiamo verso nord, le braccia che qualche volta si urtano. I piccioni ci osservano cautamente. Dai a un ubriacone una banconota e speri che si compri una panino, una pasta, liquirizia. *Non li mangiano mica crudi, vero?* Mi immagino qualcuno spennare, launugine bianca impigliata, uno spruzzo di brillantezza, nei vestiti sporchi e malridotti. *No,* dico, *accendono fuochi nei bidoni della spazzatura.Usano le antenne delle macchine come spiedi, Rosticceria piccione.* Uso la mia voce da insegnante. Tu assentisci.

Se non sa di piccione, di cosa sa?

Di mozziconi di sigarette e popcorn. Di sudore, vecchie matrici dell'OTB, e baguettes. Di biscotti bianchi e neri e di bagels stantii. Del sapore come di rame dei gettoni della metropolitana. Dell'interno del tuo gomito. No, dell'interno della tua coscia.

Penso a mio padre che straccia i biglietti delle corse. A mio zio che esamina i bidoni della spazzatura. A un ex-ragazza che mi ha chiamato una volta, singhiozzando, dopo che suo padre le aveva servito scoiattolo per cena. Alla sigaretta che condividiamo adesso, a come questa condivisione sia per noi la cosa più vicina al baciarsi. E mi rendo conto che il cameriere aveva ragione—non ho visto gabbiani di recente.

Non dico niente di tutto ciò. Grigi uccelli si sollevano nella bruma grigia dove le luci stradali affievoliscono, quindi scompaiono vicino alla cornice di questa scena: Lexington Avenue, opulenza al neon di ristoranti, noi due, e piccioni— cherubini grassocci, piccoli cupidi surrealisti—che tubano e sono sempre in calore.

Poem in Fifth Gear

Dusk: just deep blue stretching for the darker western expanse
where horizon and sky shake broad hands
beyond a line of shadow trees,
                                    clouds heavy with night,
its darkness spilling quickly, *faster than juice*

pouring, as my son once said:
night comes faster when you're on the swings.
Or when you're in the car, all acceleration & exit signs—
the headlights tearing it like little hands
on tissue paper.   A week ago
I removed size sevens from his dresser
—some never worn—& in came cargo
pants with retro shirts: size eight. Some days he seems so young:

a handful of Hot Wheels for us
to race, pushing them faster—
the model cars spinning out, crashing, turning over, no roll bars . . . .

Later his hand on the MG's fender, his arm a highway
from his sleeve through adolescence, he wants

to paint the car night blue,
wants it to be dark
& beautiful. He's already dreaming
of begging the keys,
                      souping it up

as if time itself had an overdrive.
Faster, he says sometimes, driving home together, top down
& night tangling his ever darkening hair.

Poesia in quinta marcia

Crepuscolo: solo blu profondo che si allunga per la più scura
                              distesa occidentale
dove l'orizzonte e il cielo si danno le ampie mani
oltre una linea di alberi d'ombra,
                    nuvole pesanti di notte,
la sua oscurità che deborda rapidamente, *più veloce di un succo*

che si versa, come ha detto mio figlio una volta:
la notte arriva più velocemente quando sei sull'altalena.
O quando sei in macchina, tutto accellerazione e segnali d'uscita —
i fari che la strappano, come piccole mani
su carta velina.
                    Una settimana fa
ho tolto i vestiti taglia sette dal suo cassettone
— alcuni mai messi — e c'ho messo pantaloni
cargo con magliette retrò: taglia otto. Alcuni giorni sembra così giovane:

una manciata di *Hot Wheels* per noi
da correrci, spingendole più velocemente —
le macchinine che fanno testa-coda, fanno incidenti, si ribaltano,
niente scocche di protezione...

Più tardi la sua mano sul parafango di una MG, il suo braccio
un'autostrada
dalla sua manica attraverso l'adolescenza, vuole

dipingere la macchina blu notte,
vuole che questa
sia scura e bella. Sta già fantasticando
di implorare per le chiavi,
                    truccandola

come se il tempo stesso fosse un overdrive.
Più veloce, dice qualche volta, mentre guidiamo insieme verso
casa, il tettuccio giù
e la notte che annoda i suoi capelli sempre più scuri.

Polytheism

My son with Lego builds an ancient Greek temple
to Athena; we've spent the weekend working on this school project:

the Trojan War, the 10 years Greek soldiers camped outside that city
laying siege. He wants to build a replica
of their great wooden horse with popsicle sticks,

he wants to understand
Helen & Menelaos & Paris, all that beauty & desire,
all those promises . . . . We know
                                how the story ends:

the way the Trojans thought the great horse a gift
of equals to equals. Later the whole city ablaze
only Aeneas escaping.

                          Alex's report finishes there;
the weekend with me driving him 160 miles to his mom's.

We never discuss the black ships of the Greeks
sailing off, black smoke ascending behind them & Odysseus

still wearing the armor of Achilles
thinking now of Telemachus, 10 years older than when he left
& who must have built models of fast ships or siege gear
& stared East from Ithaca as if he might see

a red sky. Each day that boy laid sacrifices at a temple
praying for the reunion of a son & a father that is still far off.

Whom in all this do you relate to? How

do you explain blood in the water without saying it's a sign?
You don't. You create gods.
You sail off. You pray there will be a return.

Politeismo

Mio figlio costruisce col Lego un antico tempio greco
per Atena, abbiamo passato il finesettimana a lavorare a questo
                                                      progetto scolastico:

la guerra di Troia, i 10 anni che i soldati greci sono rimasti accampati
                                                     fuori da quella città
ad assediare. Vuole costruire una replica
del grande cavallo di legno con i bastoncini dei ghiaccioli,

vuole capire
Elena e Menelao e Paride, tutta quella bellezza e desiderio,
tutte quelle promesse . . . . Sappiamo
                                  come finisce la storia:

il modo in cui i troiani credettero che il grande cavallo fosse un regalo
di uguali ad uguali. Più tardi tutta la città in fiamme
solo Enea sfuggito.

                     La ricerca di Alex finisce qui;
il finesettimana con me che lo trasposto per 160 miglia da sua madre.

Non abbiamo mai discusso delle nere navi dei greci
che salpano/che se ne vanno, il fumo nero che si alza dietro di loro e Odisseo

che ancora indossa l'armatura di Achille
che adesso pensa a Telemaco, di 10 anni più vecchio di quando lui se ne andò
e che deve aver costruito modellini di navi veloci o macchine da assedio
e che guarda ad est di Itaca come se potesse vedere

un cielo rosso. Ogni giorno quel ragazzo ha fatto sacrifici al tempio
pregando per il ricongiungimento di un figlio e di un padre che è
                                                        ancora lontano.

In chi in tutto questo ti ritrovi? Come

spieghi il sangue nell'acqua senza dire che è un segno?
Non lo fai. Inventi dei.
Salpi lontano. Preghi che ci sia un ritorno.

Freight

At night I hear the clacking of trains; I hear them stop outside of town, & the echoing crash of train cars being joined reverberates over my neighborhood's roofs. It reminds me of billiard balls coming together on the green fields of my youth. How I'd cut class for nine ball & how then the kiss of those balls reminded me of bodies, of lips, of the girls I knew & never knew & wish I knew better. What I thought was intimacy. & the men there: old Luigi & Howie the Hat (because of that rain-stained fedora he always wore) — they held my hand over the cue & taught me how to bridge. Howie would talk about the trains he rode during the depression: they took him away from that city & brought him back years later, the streets still cobblestoned, all the storefronts changed. There are nights when I walk into Spike's Keg of Nails right by the train tracks & listen & place four quarters into the bar table for fifteen balls. I'll stand there, those colorful globes spinning & moving by trajectories few understand, & I'll hold a cue gently, the way I was taught, thinking to myself: rhythm: stroke & follow through.

Merci

Di notte sento lo schioccare dei treni; li sento fermarsi fuori della città, e lo sbattere pieno d'echi dei vagoni che sono attaccati riverbera sui tetti dei miei vicini. Mi ricorda palle da biliardo che si scontrano sui prati verdi della mia gioventù. Come facessi forca per giocare a biliardo e come il bacio di quelle palle mi ricordasse corpi, labbra, le ragazze che conoscevo e non avevo mai conosciuto e desideravo di aver conosciuto meglio. Quello che credevo fosse intimità. E gli uomini lì: il vecchio Luigi e Howie il Cappello (per quel fedora macchiato dalla pioggia che portava sempre) — che mi tenevano la mano sopra la stecca e mi insegnavano come colmare un distacco. Howie parlava dei treni su cui aveva viaggiato durante la depressione: l'avevano portato via da quella città e ce lo avevano riportato anni dopo, le strade ancora acciottolate, tutte le facciate dei negozi cambiate. Ci sono notti quando entro da Keg of Nails di Spike proprio vicino ai binari del treno e ascolto e metto quattro quartini nel tavolo del bar per quindici palle. Sto lì in piedi, quei globi colorati che ruotano e si muovono secondo traiettorie che pochi capiscono, e impugno delicatamente una stecca, nel modo in cui mi hanno insegnato, pensando dentro me stesso: ritmo: colpo e accompagnamento.

Coda: The Parakeets of Brooklyn

So surprising really—the green & yellow of them
    walking in grey snow
as in the distance, greyer pigeons coo

& rock their bodies. Like drag queens out
    for a weekend walk
along the streets of Flatbush, these parakeets—

whole parishes of them—mimic the voices
    of sparrows & starlings,
their bodies brilliant pulsings in winter light.

They push aside other birds by wire trash cans,
    grasp crusts of weary bread,
then ascend to familial nests they've built like turbans

atop utility poles. Six or eight holes in each,
    each for a pairing of parakeets
& the songs they sing to each other. I can't help but wonder

if any of them are descendants of the blue
    birds we once kept
during that Brooklyn youth; the day they flew out

the window, leaving behind only a jot of white fluff
    lying lifeless in the cage,
I imagine I cried but honestly, I can't recall.

Today, out visiting & back here for the first time
    in years, it's startling
to see so many: their short bent beaks & proud bodies

streaking skyward. In an apartment window I see
    a face, a small hand
pointing, trying to keep pace with first one,

Coda: i parrocchetti di Brooklyn

Davvero così sorprendente—i loro verdi e gialli
        mentre camminano nella neve grigia
come in lontananza, piccioni più grigi che tubano

e dondolano i loro corpi. Come drag queens uscite
        per una passeggiata di fine settimana
per le strade di Flatbush, questi parrocchetti—

intere parrocchie—che imitano le voci
        dei passeri e degli storni,
i loro corpi brillanti pulsazioni nella luce invernale.

Spingono da parte altri uccelli presso i bidoni dell'immondizia,
        acchiappano croste di pane secco,
poi salgono ai nidi familiari che hanno costruito come turbanti

in cima ai pali della luce. Sei o sette buchi in ognuno,
        ognuno per una coppia di parrocchetti
e le canzoni che si cantano l'un l'altro. Non riesco a non chiedermi

se alcuni di essi non siano i discendenti degli uccelli
        blu che un tempo avemmo
durante quella giovinezza a Brooklyn; il giorno che volarono fuori

dalla finestra, lasciandosi dietro solo un nulla di lanugine bianca
        a giacere senza vita nella gabbia,
immagino di aver pianto anche se, onestamente, non ricordo.

Oggi, in visita e di nuovo qui per la prima volta
        dopo anni, è sconvolgente
vederne così tanti: i loro corti becchi incurvati e i corpi fieri

che lasciano striature verso il cielo. Alla finestra di un appartamento vedo
        un viso, una piccola mano
che indica, tentando di tenere il passo con un primo,

then a second as they propel away from the Hassids
    walking from shuls
who understand these birds are puffed up with a spark

of He-who-can't-be-named. Living fireworks,
    they bellow & curse
imitating the voices of street traffic, which they've been taught

beside nearby classrooms. I couldn't help myself. I stopped there
    amazed by the parakeets
of Brooklyn, their dizzying flights home

while around me, most people rushed toward their affairs:
    the commerce going on
outside Indian restaurants & inside bodegas,

a congregation of cars rushing the damp streets, & a subway
    rattling its tracks distantly,
as if they'd all gotten used to such flashy displays—

the velocity of their celebration: those Argentinian birds
    racing each other, rising
rising from the bumpers of parked cars & calling to follow.

poi un secondo mentre si spingono lontano dai Hassidim
    che escono dalle shuls
e che comprendono come questi uccelli siano gonfi di un scintilla

di Colui-che-non-può-esser-nominato. Fuochi d'artificio viventi,
    urlano e maledicono
imitando le voci del traffico stradale, a cui sono stati educati

in aule lì vicino. Non sono riuscito a trattenermi. Mi sono fermato lì
    affascinato dai parrocchetti
di Brooklyn, i loro vertiginosi voli a casa

mentre intorno a me, la maggior parte della gente si affrettava alle
proprie occupazioni:
    il commercio che continuava
fuori dai ristoranti indiani e dentro le bodegas,

una congregazione di macchine che si affrettavano lungo le strade
umide, e una metropolitana
    che faceva risuonare i suoi binari in lontananza,
come se tutti si fossero abituati a queste vistose esibizioni —

la velocità della loro celebrazione: questi uccelli argentini
    in gara uno con l'altro, innalzandosi
innalzandosi dai paraurti delle macchine parcheggiate e chiamando
perchè li seguiamo.

About the Author

GERRY LAFAMINA's previous books include *23 Below, Shattered Hours: Poems 1988-94, Zarathustra in Love, Graffiti Heart* (winner of the Anthony Piccone/MAMMOTH Books Poetry Prize), and *The Window Facing Winter*, as well as a number of chapbooks. His fiction, essays, poems, and translations have appeared in numerous literary journals, and he has received fellowships and awards from the Michigan Council for Arts and Cultural Affairs, the Irving Gilmore Emerging Artists Foundation, and the Academy of American Poets. A former board member of the Association of Writers and Writing Programs, he teaches at Frostburg State University where he directs the Frostburg Center for Creative Writing.

About the Translator

ELISA BIAGINI was born in Florence, Italy. She has taught Italian in the US at Rutgers University (where she earned the PhD), Gettysburg College, Bernard College-Columbia University, and in Italy at Pepperdine University and New York University. Her poetry has appeared in *Poesia, Linea d'ombra, Versodove, Atelier, Rattapallax,* and *Lungfull,* among others. She has published three books of poetry, the most recent a bilingual edition, *Corpo-Cleaning the House* (2003), and her work has also appeared in various anthologies. She edited and translated an edition of Alicia Ostriker's poetry and prose, *Milk* (2001), and Sharon Olds's *Satana dice* (2002). Her latest collection of poetry is *L'ospite* (Einaudi).

www.ingramcontent.com/pod-product-compliance
Lightning Source LLC
LaVergne TN
LVHW051135080426
835510LV00018B/2425